SELBER WOHNEN – ANDERS MACHEN

Das alternative Baubetreuungsprogramm in Hamburg

SELBER WOHNEN – ANDERS MACHEN
Das alternative Baubetreuungsprogramm in Hamburg

HERAUSGEBER:

Behörde für Arbeit, Gesundheit und Soziales (BAGS)
Johann Daniel Lawaetz-Stiftung
Stattbau Hamburg GmbH
Stadtentwicklungsbehörde (STEB)

Verlag für wissenschaftliche Publikationen, Darmstadt

IMPRESSUM

SELBER WOHNEN - ANDERS MACHEN
Das alternative Baubetreuungsprogramm in Hamburg

Herausgegeben von: Behörde für Arbeit, Gesundheit und Soziales (BAGS)
Johann Daniel Lawaetz-Stiftung
Stattbau Hamburg GmbH
Stadtentwicklungsbehörde (STEB)

Redaktion: Tobias Behrens, Angela Hansen, Ulla Iseler
Karin Schmalriede, Gisela Zeisberg

Die in dieser Veröffentlichung abgedruckten Beiträge
liegen inhaltlich in der alleinigen Verantwortung der AutorInnen.

Umschlagdesign: Christine Falter/berlin-display
Layout: Pechermeyer
Fotos: Stefan Cümbüsyan/Black Pool Design, Barbara Eismann
Lawaetz-Archiv, Stattbau Hamburg-Archiv
Fotocollage und Skizzen: Marliese Keller

Die deutsche Bibliothek - CIP - Einheitsaufnahme

Selber wohnen - anders machen: Das alternative Baubetreuungsprogramm in Hamburg/
Behörde für Arbeit, Gesundheit und Soziales (BAGS) ... (Hrsg.).
[Red.: Tobias Behrens ...]. - Darmstadt: Verl. für Wiss. Publ., 1994
ISBN 3-922981-87-9
NE: Behrens. Tobias [Red.]: Hamburg/Behörde für Arbeit, Gesundheit und Soziales

INHALT

Vorwort
Senatorin Helgrit Fischer-Menzel, Behörde für Arbeit, Gesundheit und Soziales
    Stadterneuerung und soziale Arbeit 7
Senator Dr. Thomas Mirow, Stadtentwicklungsbehörde
    10 Jahre Altbauinstandsetzung zum Erhalt preiswerten Wohnraums -
    erfolgreiche Zwischenbilanz des Programms für alternative Baubetreuung 9

Einleitung
Michael Sachs, Hamburger WohnConsult
    Wie alles anfing 10

Ein Programm bahnt sich seinen Weg -
Einschätzungen und Perspektiven von Beteiligten
Kurzbeschreibung des ABB-Programms 16
Hans A. Brewe, Angela Hansen, Stadtentwicklungsbehörde
    Zwischen Freiräumen und Vorschriften ... (Verwaltungsrealitäten) 17
Joachim Meyer, Behörde für Arbeit, Gesundheit und Soziales
    Die Verknüpfung von Arbeiten und Wohnen 20
Ulla Iseler, Behörde für Arbeit, Gesundheit und Soziales
    Von der Programmidee zum funktionierenden Verfahren 24
Frank Pieter Hesse, Denkmalschutzamt der Kulturbehörde
    ABB: (k)ein Programm für Baudenkmale? 27
Detlef Rapp, Architekt
    Das ABB-Verfahren - unsortierte Eindrücke eines Architekten 31
Josef Bura, Stattbau Hamburg GmbH
    Alternative Sanierung in Hamburg 37
Karin Schmalriede, Lawaetz-Stiftung
    Die Johann Daniel Lawaetz-Stiftung - Arbeit an Alternativen zu Abriß und Arbeitslosigkeit 54
Karin Schmalriede, Lawaetz-Stiftung
    Zwischen den Stühlen ist Beifall eher selten.
    Ein Bericht über die Arbeit bei einem Alternativen Sanierungsträger 59

Von der Selbsthilfe zur Selbstverwaltung und was dann noch an Arbeit übrig bleibt

Uwe Jochens, Lawaetz-Stiftung
    Vertragliche Regularien und ihre Weiterentwicklung aufgrund von Erfahrungen bei Selbsthilfewohnprojekten - eine Einführung **66**
Rechtliche Kooperationsstruktur im Programm **70**
Anna Reiners, Lawaetz-StadtentwicklungsGmbH
    Objektbetreuung als neue Form sozialer Arbeit **71**
Rosemarie Oltmann, Wohnungsbaugenossenschaft Schanze e.G.
    Das Projekt der Projekte. Eine Genossenschaft ermöglicht Selbstverwaltung! **76**

Mehr als ein Dach überm Kopf - Dokumente alternativer Sanierung

Billrothstraße 55 **84**
Brigittenstraße 5 **88**
Fuhlsbütteler Straße 777 **92**
Gesindehaus Karlshöhe **96**
Große Brunnenstraße 55a **100**
Große Brunnenstraße 63a **104**
Große Freiheit 73/75 **108**
Große Freiheit 84 **112**
Jägerpassage **116**
Klausstraße 10 **120**

Klausstraße 12 **126**
Marktstraße 107 **130**
Positive Future **134**
Pusteblume **138**
Rabenhorst **142**
Schäferstraße 10a und b **146**
Schanzenstraße 41a **152**
Schmilinskystraße 6 **158**
Villa Magdalena K. **164**
Winkelmannscher Hof **170**

Perspektiven

Klaus Joachim Reinig
    Vorhang auf! **174**

Anhang

Liste aller ABB-Projekte **177**
Übersichtskarte **179**
Personenverzeichnis **180**
Fotocollage **181**

**Vorwort von
Senatorin Helgrit Fischer-Menzel,
Behörde für Arbeit, Gesundheit und Soziales**

Stadterneuerung und soziale Arbeit

Begleitet von öffentlichen Diskussionsveranstaltungen wurde Ende 1984 - daher 10 Jahre ABB - "Stattbau Hamburg GmbH" gegründet. Stattbau sollte den von der SPD-Fraktion in 1984 eingebrachten Antrag über 4 Mio. DM für alternative Wohnprojekte unter dem Titel "Instandsetzungsprogramm für Altbauten zur Sicherung preiswerten Wohnungsbestandes" mit umsetzen, so daß Gruppen abrißgefährdeten Wohnraum für ihre Nutzung erhalten konnten und preiswerter Wohnraum gesichert werden konnte.

Mit der Bürgerschaftsdrucksache 12/350 "Stadterneuerung und soziale Arbeit" vom 10. Februar 1987 wurden von Senat und Bürgerschaft die Grundlagen für das Konzept **"Alternative Sanierungsträger"** in der Absicht geschaffen, an mehreren Stellen in der Stadt durch Sanierung in Selbsthilfe preiswerten Wohnraum zu erhalten und alternative Wohn- und Lebensformen zu fördern.

Zu diesem Zweck sind die

- **Johann Daniel Lawaetz-Stiftung und die**
- **Stattbau Hamburg GmbH**

als alternative Sanierungsträger (AST) förmlich anerkannt worden, und die Freie und Hansestadt Hamburg hat mit ihnen Sanierungsverträge abgeschlossen.

Das Konzept **"Stadterneuerung und soziale Arbeit"** verknüpft durch einen integrierten Ansatz wohnungs-, sozial- und arbeitsmarktpolitische Ziele, um

- preiswerten Wohnraum zu erhalten und zu schaffen,

- neue selbstbestimmte Wohn- und Lebensformen zu unterstützen und

- den Stadterneuerungsbereich für auf dem Arbeitsmarkt besonders benachteiligte Personengruppen zu erschließen.

Damit steht im Mittelpunkt dieses Ansatzes insbesondere das Ziel, Menschen aus der Gesellschaft nicht auszugrenzen, sondern durch Erhalt und Schaffung von Arbeitsplätzen und durch Vermittlung sozialer, kultureller und baulicher Werte zu (re)integrieren. Dieses kann insbesondere dann erfolgreich umgesetzt werden, wenn dabei die ökonomischen und sozialen Strukturen und Merkmale eines

Senatorin Helgrit Fischer-Menzel

Gebietes und die Bedürfnisse, Interessen und Erwartungen der Bewohner und angestrebten Nutzergruppen angemessen berücksichtigt werden.

Die enorme Wohnungsmarktbelastung, steigende Mieten, in Einzelfällen aber auch leerstehende, dem spekulativen Verfall überlassene Wohngebäude und Luxusmodernisierungen in Altbauquartieren außerhalb der öffentlichen Förderung führten insgesamt dazu, daß in bestimmten Stadtgebieten soziale Probleme entstanden sind.
Gerade auch vor diesem Hintergrund stellt das Konzept AST in der Verknüpfung seines Ansatzes mit wohnungs-, arbeitsmarkt- und sozialpolitischen Zielen im Rahmen einer generellen Neuorientierung der Stadterneuerungspolitik einen Beitrag zur Problemlösung dar. Durch den Einsatz von Selbsthilfe und eine stärkere Berücksichtigung von Beschäftigungsträgern sowie von Ausbildungsträgern, die meist MitarbeiterInnen auf zeitlich befristeter Basis von Arbeitsbeschaffungsmaßnahmen beschäftigen, läßt sich günstiger preiswerter Wohnraum erhalten. Dieses setzt voraus, daß weiterhin eine aktive Arbeitsmarktpolitik mit Mitteln der Bundesanstalt für Arbeit verläßlich und auf hohem quantitativen Niveau erfolgt. Um insbesondere auch einer Destabilisierung bestimmter Stadtgebiete und einer weiteren Polarisierung gesellschaftlicher Konflikte entgegenzusteuern, muß das Konzept "**Stadterneuerung und soziale Arbeit**" insbesondere aufgrund seines integralen arbeitsmarkt-, sozial- und wohnungspolitischen Ansatzes noch stärker in die Stadterneuerungspolitik einbezogen werden.

Die beiden **ALTERNATIVEN SANIERUNGSTRÄGER** übernehmen für die Freie und Hansestadt Hamburg auch Sonderaufgaben, wie z. B. die Grundsanierung der **Falkenried-Terrassen oder Neubau zur Beseitigung der Obdachlosigkeit**, immer in der Verknüpfung von Arbeitsmarktpolitik mit Wohnungsbaupolitik.

**Vorwort von
Senator Dr. Thomas Mirow, Stadtentwicklungsbehörde**

10 Jahre Altbauinstandsetzung zum Erhalt preiswerten Wohnraums – erfolgreiche Zwischenbilanz des Programms für alternative Baubetreuung

Senator Dr. Thomas Mirow

Auf diese Kurzformel lassen sich Anlaß und Inhalt des hier vorgelegten Buches bringen. Diese 10 Jahre intensiver Zusammenarbeit der verschiedenen Wohnprojekte und Selbsthilfegruppen, der Architekten, der beiden alternativen Sanierungsträger Lawaetz-Stiftung und Stattbau Hamburg GmbH sowie der beteiligten Hamburger Dienststellen belegen: Es gibt Chancen, einer sozialen Ausgrenzung und Spaltung in unserer Gesellschaft entgegenzuwirken, ohne daß dadurch der Wunsch nach Freiräumen und Individualität beschnitten werden muß.
Seit dem Startschuß für das Programm im Jahre 1984 werden für Gruppen, die alternative Wohnformen praktizieren wollen, finanzielle Mittel zur Verfügung gestellt, um entsprechende Projekte zu realisieren. Damit wird den Bewohnern bzw. künftigen Mietern ermöglicht, sich auf dem Weg der Selbsthilfe an den Erhaltungsmaßnahmen zu beteiligen, insbesondere im städtischen Wohnungsbestand.
Wesentliches Ziel ist dabei, einer wachsenden Zahl von Mietern, die aus finanziellen oder sozialen Gründen preiswerten Wohnraum benötigen bzw. sichern möchten, mehr Chancen für eine dauerhafte und wirtschaftlich vertretbare Nutzung nach eigenen Vorstellungen und in möglichst eigenständiger Verwaltung zu geben.
Gleichzeitig geht es um die Integration von Problemgruppen des Arbeitsmarktes im beschäftigungsintensiven Stadterneuerungsbereich. Das Selbsthilfepotential, auf das dabei zurückgegriffen werden kann, ist beachtlich, wie die vielen mittlerweile umgesetzten oder im Bau befindlichen Projekte zeigen. Es wäre sträflich, dieses Potential brachliegen zu lassen. Denn bei aller Unterschiedlichkeit der Projekte ist ihnen eines gemeinsam: das überdurchschnittliche Engagement, das hohe Maß an Kreativität und der Wille der Beteiligten, den vorhandenen Freiraum zu nutzen und die Lebenssituation aktiv und aus eigener Kraft zu gestalten.
Nicht zuletzt ist das Programm darüber hinaus Zeugnis für die Möglichkeit einer fruchtbaren, konstruktiven Zusammenarbeit zwischen den verschiedenen privaten Gruppen, Verbänden und Institutionen. Ich hoffe, daß weiterhin der Wille zum gemeinsam erarbeiteten Erfolg die ohne Frage auch vorhandenen Reibungspunkte überwindet und zum konstruktiv-kreativen Handeln motiviert.

Michael Sachs
Wie alles anfing

In einer 1994 von der Hamburger Stadtentwicklungsbehörde und der Baubehörde herausgegebenen Broschüre über die Stadterneuerung in Hamburg wird auf Seite 18 unter der Überschrift "Alternative Wohnprojekte" das Hamburger "Instandsetzungsprogramm für Altbauten zum Erhalt preiswerten Wohnraums" dargestellt. Ziel des Programms sei die Förderung insbesondere gesellschaftlich benachteiligter Gruppen, die alternative Wohnformen praktizieren wollen und sich an den Erhaltungsmaßnahmen von sanierungsbedürftigen Gebäuden durch Einbringung von baulicher Selbsthilfe beteiligen. Der Text ist mit farbigen Photos von gelungenen Projekten des Förderprogramms illustriert.

Damit hat sich eine Prophezeiung von mir erfüllt, an die zu Beginn der 80er Jahre sicher weder Befürworter noch Gegner des Programms "Alternativer Baubetreuer" geglaubt haben. In einer hitzigen Auseinandersetzung in der SPD-Bürgerschaftsfraktion habe ich damals mehr aus Wut über die starren gegnerischen Fronten denn aus Überzeugung vorhergesagt, der Senat werde sich eines Tages in Vierfarbbroschüren der alternativen Sanierungsprojekte rühmen und Besucher aus anderen Städten und Regionen scharenweise durch die Modellprojekte führen.

Daß es tatsächlich dazu gekommen ist, war ein langer Weg. Zum besseren Verständnis der Konfliktlage gehört die Kenntnis der Zeitumstände und der Ereignisse in der Stadtentwicklungspolitik Anfang der 80er Jahre, an die hier nur stichwortartig erinnert werden soll:
- Die Sanierungsdiskussion der 60er Jahre mit dem Ergebnis des Städtebauförderungsgesetzes 1971 hat auf der einen Seite durch öffentliche Förderung und gesetzliche Rahmenbedingungen zur Rettung historischer Stadtzentren und alter Wohnquartiere beigetragen, andererseits aber in einigen Stadtteilen die marktwirtschaftliche Wirkungskette Aufwertung - Verteuerung - Vertreibung ausgelöst oder nicht aufhalten können.

- Die in der Nachkriegszeit kontinuierlich gewachsenen kommunalen, gemeinnützigen und freien Wohnungsunternehmen werden seit Beginn der 70er Jahre mit wachsenden Instandsetzungsbedarfen konfrontiert, denen entweder zu geringe oder als Eigenkapital für Neubauten verbrauchte Rücklagen gegenüberstanden. Daraus entsteht die unternehmerische Strategie, nach dem Gesetz mietenneutrale Instandsetzungsmaßnahmen mit mehr oder weniger aufwendigen Modernisierungsmaßnahmen zu verbinden oder durch den Abriß veralteter Bausubstanz Flächen für höherwertigen Neubau zu schaffen.

- Die seit Mitte der 60er Jahre in der Bundesrepublik kontinuierlich auftretenden Wirtschaftskrisen führten ab Ende der 70er Jahre u.a. zu hoher Jugendarbeitslosigkeit und verminderten Ausbildungs- und Einkommenschancen bei jungen Menschen.
Die Folge ist einerseits, daß viele junge Erwachsene ihren Wohnraumbedarf nicht aus eigener Kraft decken können, und andererseits die Bereitschaft vorhanden ist, ungenutzte und verfallende Wohnungen durch eigene handwerkliche Leistungen für sich nutzbar zu machen.

Ende der 70er Jahre war vor allem Berlin-Kreuzberg der Stadtteil in der Bundesrepublik, in dem geradezu exemplarisch und mit zunehmender Härte und Gewalt die Auseinandersetzungen zwischen den berechtigten Lebens- und Wohninteressen benachteiligter junger Leute, den Kapitalverwertungsinteressen großer Wohnungsunternehmen und den ordnungspolitischen und stadtökonomischen Interessen von Regierung und Verwaltung ausgetragen wurden.

Auch Hamburg hatte - wenngleich vor dem Hintergrund eines wesentlich geringeren Problemdrucks als Berlin - seine Haus- und Instandbesetzerszene, seinen martialischen Innensenator (Alfons Pawelczyk: "In Hamburg ist kein Haus länger als 24 Stunden besetzt.") und wohnungswirtschaftlich und stadtentwicklungspolitisch gewollte Hausverrottung.

Doch während es in Berlin im Mai 1981 170 besetzte Häuser gab, waren es in Hamburg vielleicht 10, wobei der Begriff "Besetzung" im politischen Sprachgebrauch vielfältigen Synonymen wich, um ordnungspolitische und strafrechtliche Handlungsformen zu vermeiden und kooperative Lösungen anzustreben. Die nach späterer Einschätzung spektakulärste Hausbesetzung vollzog sich gerade in dieser Zeit ohnehin eher schleichend und ohne Wahrnehmung durch Politik und Polizei: die Hafenstraße.
Anfang der 80er Jahre fand in der Hamburger SPD eine breite wohnungspolitische Diskussion statt. Sie war geprägt von kontroversem, aber auch konstruktivem Dialog zwischen jungen reformorientierten Kräften aus der wohnungswirtschaftlichen Markt- und Sozialforschung und traditionellen sozialdemokratischen Wohnungsbaupraktikern, die in der Genossenschafts-

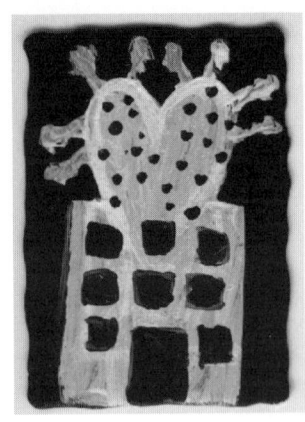

bewegung oder der gemeinwirtschaftlichen Wohnungswirtschaft wurzeln. Diese Diskussion mündete in einen Landesparteitagsbeschluß vom April 1981 mit dem Titel "Die Wohnungs- und Städtebaupolitik für Hamburg in den 80er Jahren", dessen analytische und programmatische Aussagen bis heute kaum an Aktualität und Stimmigkeit verloren haben.

In diesen Beschlüssen finden sich zum Thema Häuserkampf und Instandbesetzung Bekenntnisse der Hamburger SPD wie dieses: "Staatliches Handeln schadet der Demokratie, wenn es sich auf bloßes Durchsetzen von Rechtsgeboten um ihrer selbst willen beschränkt. Probleme wie Wohnungsnot und Arbeitslosigkeit müssen politisch gelöst werden und eine spürbare Verbesserung der Lebensperspektive gerade der jüngeren Menschen bewirken." Senat und Bürgerschaft werden aufgefordert, die Voraussetzungen für die Durchführung von Modellversuchen neuer genossenschaftlicher Bau- und Wohnformen nach dem Gemeinnützigkeitsprinzip zu schaffen.

Im Zusammenhang mit künftigen Sanierungsvorhaben sollen Senat und Bürgerschaft darauf hinwirken, daß eine differenzierte, mehr an den Bedürfnissen der betroffenen Mieter orientierte Modernisierung ermöglicht wird. Der Senat soll die Durchführung von Modernisierungsmaßnahmen durch Mietergenossenschaften fördern, um so die Eigeninitiative zur Modernisierung von Wohngebäuden stärker zu mobilisieren.

Alle diese Beschlüsse wurden vor dem Hintergrund vorhandener Konfliktfälle in der Stadt gefaßt. Auf der politischen Ebene standen Entscheidungen an zu Falkenried, Schröderstift, Alida-Schmidt-Stift, Jägerpassage und anderen Objekten sowie zur Befriedigung der Nachfrage verschiedener Wohngruppen und Initiativen. Eine kleine Gruppe von Bürgerschaftsabgeordneten kümmerte sich nicht nur um die einzelnen Objekte in Hamburg, sondern fuhr nach Berlin-Kreuzberg, um sich vor Ort ein Bild von dem neuen, vom Regierenden Bürgermeister Jochen Vogel eingeschlagenen Weg der vertraglichen Lösung der Instandbesetzung ein Bild zu machen. Es kam zu Begegnungen und einem Erfahrungsaustausch mit STATTBAU Berlin und SPI Ausnahme und Regel - und über Berlin fand man den Weg zur Kommunikation mit der eigenen, der Hamburger Szene, mit Hausbesetzern, Wohngruppen, Mieter helfen Mietern, jungen Stadtplanern der TU Hamburg-Harburg.

Diese Begegnungen und Besichtigungen hatten nicht immer das gewünschte Ergebnis: Während sich jüngere Politiker an den pittoresken Ensembles, eigenwilligen Wohn- und Lebensformen und ungeschliffenen Revoluzzertypen delektierten (und vielleicht einigen versäumten Chancen ihrer 68er-Vergangenheit nachtrauerten), gaben einige ältere Wohnungspolitiker hinter vorgehaltener Hand ihren Abscheu und ihre Überzeugung kund, nur durch Abriß und Neubau könne man die Arbeiternehmerschaft vor derartig chaotischen Zuständen bewahren und zu Licht, Luft und Sonne führen.

Dennoch: Im Herbst 1983 ging es Schlag auf Schlag. Im September entstand der Diskussionsbeitrag "Alternative Sanierungsträger" der Verfassergruppe Fahrenholz, Fuhrig, Hassenstein, Pfadt, Sachs und Reinig. Im November führten sozialdemokratische Abgeordnete aus dem Baubereich Gespräche mit der damaligen BAJS (Behörde für Arbeit, Jugend und Soziales) über die Verknüpfung von Instandsetzungsförderung und Arbeitsbeschaffungsmaßnahmen; man verständigte sich auf die Gründung eines alternativen Sanierungstreuhänders. Im Dezember brachten die Abgeordneten Dr. Harro Frank, Michael Sachs und die SPD-Fraktion einen Antrag in die Beratungen des Haushaltes 1984 ein, in dem durch "Zusammenkratzen" von noch nicht belegten Mitteln aus drei verschiedenen Haushaltstiteln ein sog. 4-Mio.-DM-Topf "Instandsetzungsprogramm für Altbauten zur Sicherung preiswerten Wohnungsbestandes" gebildet wurde.
Es kostete zwölf weitere Monate schwierigster Verhandlungen und größter Überzeugungsarbeit, um bei Politik und Behörden Widerstände, Querschüsse, Ablenkungsmanöver, Skepsis und Trägheit zu überwinden, bis die finanzielle Basis und Verfahrensregeln für die Gründung des Alternativen Sanierungsträgers Stattbau vorhanden waren. Das Alternative dieses Sanierungsträgers bestand nicht so sehr in der Betreuung der gleichnamigen Klientel, sondern vielmehr in dem Unterschied zu der Arbeitsweise bisher üblicher Sanierungsträger:

- keine Zuständigkeit für Quartiere, sondern für Einzelobjekte

- kein unternehmerisches Einzelinteresse durch Grundbesitz und Verwertungszwang

- Betreuung von Selbsthilfeprojekten

- Integration von sozialen Einrichtungen

- Verknüpfung von baulicher Sanierung mit Ausbildungs- und Beschäftigungspolitik

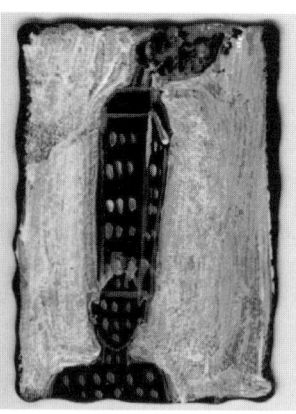

Die Freude war kurzlebig. Der Aufbau von Stattbau fiel zusammen mit dem Aufbruch der Konflikte um die Hafenstraße und massiver SPD-interner Auseinandersetzungen um die Fragen von Schuld und Lösungswegen.

Bei der Behandlung der besetzten Jägerpassage, des ersten Stattbau-Projekts, sollte das Exempel statuiert werden, das bei der Hafenstraße angeblich versäumt worden war. Auf dem Höhepunkt der Auseinandersetzungen um Miet- und Nutzungsverträge, Zuschuß- oder Darlehensgewährung, Schlüsselrecht, Räumungsverfügungen und Abrißdrohungen schrieb ich im November 1985 einen vier-seitigen Brief an den 1. Bürgermeister Klaus von Dohnanyi, der mit dem Absatz endet:

"Lieber Klaus, laß mich dem Senat eine letzte Empfehlung geben: Wenn dieses Programm vom Senat auch als Chance begriffen wird, den teilweise verschütteten Dialog mit kritischen Teilen der jüngeren Generation zu erneuern, dann muß er auch besondere Offenheit und Flexibilität zeigen. D. h. unter anderem, daß mit der Umsetzung dieses Programms in den staatlichen Institutionen Leute beauftragt werden, bei denen nicht bereits der Anblick eines lederbekleideten Punks sozialen Abscheu hervorruft.
Und das heißt weiter, daß von den Gruppen nicht das Rechtsverständnis und die Verhaltensweisen eines hanseatischen Kleingartenbesitzers erwartet wird. Damit plädiere ich nicht für rechtsfreie Räume, aber für die Verhältnismäßigkeit der Mittel bei der Durchsetzung rechtsstaatlicher Normen."

Die Initiative der BAJS und ihres Senators Jan Ehlers im Jahre 1986 zur Errichtung der Johann Daniel Lawaetz-Stiftung, u.a. auch mit dem Ziel, einen weiteren Alternativen Sanierungsträger zu etablieren, ist nicht völlig unabhängig von SPD-internen und auf Senatsebene abgebildeten Kontroversen über das ABB-Konzept zu sehen. Die Befürchtungen von TAZ und Szene, hier sei ein behördennaher Konkurrent zu Stattbau beabsichtigt, haben sich wohl weder in der einen noch in der anderen Hinsicht bestätigt.

Viele durch Halbherzigkeit und mangelnden politischen Willen in der Gründungsphase der Alternativen Sanierungsträger Stattbau und Lawaetz-Stiftung begangenen Fehler sind Defizite im System geblieben, über so manche Konflikte ist Gras gewachsen (wie bei der Hafenstraße). Viele Probleme sind jedoch im Laufe der Zeit in der konkreten Bearbeitung der Einzelprojekte durch den Sachverstand, den guten Willen und vielleicht auch die Schlitzohrigkeit der Mitarbeiter in Behörden, bei Sanierungsträgern, Banken und Kreditanstalten einer einvernehmlichen Lösung zugeführt worden. Und mittlerweile zeugen an vielen Stellen der Stadt Objekte durch städtebaulichen Reiz oder Individualität der Nutzung davon, daß hier weder Steuergelder noch politische Kraftanstrengungen vergeudet wurden. Und so ist sie am Ende doch wahr geworden, die Prophezeiung von einer Hochglanzbroschüre der FHH - es wurde sogar ein Buch - über das alternative Baubetreuungsprogramm, mit dem Vorwort nicht nur eines, sondern sogar zweier Senatoren.

EIN PROGRAMM BAHNT SICH SEINEN WEG

EINSCHÄTZUNGEN UND PERSPEKTIVEN VON BETEILIGTEN

Kurzbeschreibung des ABB - Programms
(Instandsetzungsprogramm für Altbauten zum Erhalt preiswerten Wohnraums)

Aus dem seit 1984 bestehenden "Instandsetzungsprogramm für Altbauten zur Schaffung preiswerten Wohnraums" (**ABB/AST-Programm**) gibt es für Gruppen, die alternative Wohnformen praktizieren wollen, finanzielle Mittel, um solche Projekte zu realisieren. Damit soll den Bewohnern bzw. künftigen Mietern ermöglicht werden, sich durch Einbringung von Selbsthilfe an den Erhaltungsmaßnahmen, insbesondere auch im städtischen Wohnungsbestand, zu beteiligen.

Durch die **finanzielle Förderung** und die Entwicklung besonderer Wohnformen (gemäß Beschluß der Bürgerschaft - Drucksache 12/350) wird die Stellung der Nutzer erheblich verbessert. Hauptziel ist es, der wachsenden Gruppe von Mietern, die aus finanziellen, wirtschaftlichen wie sozialen Gründen preiswerten Wohnraum benötigen oder behalten will, mehr Chancen für eine dauerhafte und wirtschaftlich vertretbare Nutzung nach eigenen Vorstellungen zu geben.
Gleichzeitig geht es um die Integration von Problemgruppen des Arbeitsmarktes im beschäftigungsintensiven Stadterneuerungsbereich. Dabei kann auf ein beachtliches Selbsthilfepotential zurückgegriffen werden. Erfahrungen mit Konzeption und Durchführung der vielfältigen Instandsetzungsarbeiten bei den alternativen Projekten in Hamburg (u.a. Schröder-Stift, Chemnitzstraße, Vorwerk-Stift, Schanzenstraße, Große Freiheit 84) belegen diese Entwicklung eindrucksvoll.

Die **Betreuung von Gruppen**, die ein Haus sanieren wollen, übernehmen **Alternative Sanierungsträger (AST)**, die als **Vermittler** zwischen den alternativen Gruppen und dem Amt für Stadterneuerung und Bodenordnung tätig sind. Die Lawaetz-Stiftung und die Stattbau Hamburg GmbH sind solche Träger, die alternative Wohnprojekte betreuen.

Das Amt für Stadterneuerung und Bodenordnung geht davon aus, daß die **Baukosten 2.000,- DM/qm** Wohnraum nicht überschreiten und **15 %** davon in **baulicher Selbsthilfe** eingebracht werden. Bisher wurden bzw. befinden sich 38 alternative Bauprojekte in der Förderung. Hiervon sind 26 Vorhaben fertiggestellt. Weitere 8 Projekte sind im Bau, und 4 befinden sich in der Planung.

weitere Einzelheiten sind den *"Allgemeinen Verfahrensregeln für den Projektablauf zum ABB/AST-Programm"* zu entnehmen.

Bezugsadresse:
Stadtentwicklungsbehörde,
Amt für Stadterneuerung und Bodenordnung, SB 13
Postfach 11 21 09
20421 Hamburg

Hans A. Brewe, Angela Hansen, Stadtentwicklungsbehörde
Zwischen Freiräumen und Vorschriften ...
(Verwaltungsrealitäten)

Mit Beginn der behutsamen Stadterneuerung und Bestandspflege in den achtziger Jahren - bei geringeren Standards als bei Neubau und mit sozial verträglichen Mieten - wurden auch die Wohngruppen und Initiativen berücksichtigt, die zum Teil seit Jahren die Abbruch- und Leerstandsdiskussionen in Hamburg begleiteten. Sie forderten ein Selbsthilfeprogramm zur Instandsetzung preiswerten Wohnraums mit späterer Selbstverwaltung. Die Diskussionen, die in der Öffentlichkeit und in den politischen Gremien geführt wurden, bewirkten, daß die Hamburger Bürgerschaft im Dezember 1983 erstmals Mittel für den "Erhalt preiswerten Wohnraums" bereitstellte. Zur Umsetzung dieser Mittel wurde 1984 in der Baubehörde - seit 1992 ist dies ein Programm der Stadtentwicklungsbehörde (STEB) - ein Konzept erarbeitet, das sich an den Berliner Erfahrungen und Beispielen orientierte. Das Hauptziel war, wohnungs-, sozial- und arbeitsmarktpolitische Ziele zu verknüpfen.

Die Förderhöchstgrenze ist seitdem von zunächst 985,00 DM/qm auf 2000,00 DM/qm (Stand 1994) gestiegen. Hierin müssen sämtliche Bau- wie Baunebenkosten und Betreuerkosten enthalten sein. 15% der Fördersumme sind dabei in unbezahlter baulicher Selbsthilfe zu erbringen.

Den Alternativen Baubetreuern (ABB) fällt die wichtige und auch schwierige Aufgabe zu, zwischen den verschiedenen Beteiligten wie Wohngruppen und Behörden zu vermitteln und zu koordinieren, deren gegenseitige Akzeptanz zu sichern und letztendlich die Umsetzung der Projekte zu gewährleisten. Die Betreuer wurden zunächst nur projektweise eingesetzt. 1987 führten die hohen Ansprüche an gute Sanierungsarbeit im Bereich der Wohnprojekte zum Beschluß der Bürgerschaft zur Einführung der Alternativen Sanierungsträger (AST) im Spannungsfeld von Stadterneuerung und sozialer Arbeit und damit zur institutionellen Förderung der Betreuer (AST).

Durch das ABB-Programm werden Instandsetzungsmaßnahmen gefördert, Modernisierungsanteile werden in der Regel von den jeweiligen Gruppen übernommen. Anfänglich bedeutete dies, daß z.B. Einzelofenheizung durch Gaszentralheizung ersetzt wurde, die errechneten Mehrkosten die Gruppe als Modernisierungsanteile selbst zu tragen hatte. Diese Differenzrechnung war allerdings in der Regel sehr kompliziert, und das Verfahren wurde geändert. Heute

zählt eine Gaszentralheizung ebenso zum Standard wie Isolierverglasung oder gefliese Bäder. Die heute gültigen Standards wurden in Abstimmung mit den AST und Behörden neu überarbeitet, der höhere Standard wird i.d.R. durch höhere Mieten ausgeglichen. Modernisierungsanteile verbleiben nach wie vor und werden in Maßen akzeptiert, um den Gruppen den Anreiz zum Bau einer individuellen und vielleicht besser ausgestatteten Wohnung nicht zu nehmen. Die Gruppen zeigen bei der Ausstattung und Einrichtung viel Kreativität und Ideenreichtum.

Die Mieten für die Projekte werden langfristig abgesichert und orientieren sich am unteren Bereich der Mieten bei öffentlichen Förderungen in Sanierungsgebieten. Der Selbsthilfeanteil von 15% ist relativ hoch angesetzt, doch die Erfahrungen haben gezeigt, daß die Gruppen die Kraft und Energie aufbringen, sie zu leisten; in Einzelfällen sogar darüber hinaus mehr als gefordert erbringen.

In den 10 Jahren ABB wurden für die inzwischen 26 fertiggestellten Projekte 14,9 Mio. DM an Zuschüssen von der STEB ausgegeben, weitere 13,3 Mio DM stehen für 8 zur Zeit im Bau befindliche Projekte zur Verfügung, und für 4 z.Z. geplante Projekte hat die STEB 4,4 Mio DM reserviert (Stand 06.1994).

In den ersten Jahren wurden die Mittel teilweise aufgrund von Anlaufschwierigkeiten nicht ausgeschöpft, doch dieses Bild hat sich gewandelt. In den letzten Jahren lief das Programm gut, und die Kassenmittel waren zu knapp bemessen. Das liegt zum einen daran, daß die Zusammenarbeit zwischen den AST und den Behörden eingespielt ist, ein gewisses Vertrauensverhältnis aufgebaut wurde und die Projekte reibungsloser als zu Beginn realisiert werden können. Zum anderen, und das erweist sich als großes Problem, werden die zur Verfügung stehenden Gebäude rar, die Bausubstanz der in Frage kommenden Objekte ist meist schlecht, und als Folge davon steigen die Baukosten, so daß eine Instandsetzung wirtschaftlich schwer vertretbar wird.

Im Rückblick auf 10 Jahre ABB läßt sich ein positives Resümee ziehen. Es sind Objekte entstanden, die sich in ihrer Vielfalt an Wohnformen und Wohnungszuschnitten sowie auch verschiedenartigen Personen- und Interessengruppen sehen lassen können. Die Zusammenarbeit der beiden AST und der Behörden ist überaus kooperativ und harmonisch. Neben der positiven Abwicklung der Projekte gab und gibt es aus unserer Sicht auch Kritikpunkte an dem Programm. So kann es nicht sein, daß ABB herhalten muß, wenn es Problemfelder gibt, die mit keinem anderen Programm abgedeckt werden können und bei ABB aufgefangen werden müssen, weil das Programm flexibel und "unkompliziert" in der Auslegung und Anwendung ist. Es besteht die Gefahr, daß von verschiedenen Seiten dieses Programm als eine Art "Allheilmittel" für sonst vermutlich nicht realisierbare Projekte angesehen wird.

Die vorgenannten Bemerkungen zu den Aspekten, Erfahrungen und Problemen stehen nur beispielhaft für einige Erkenntnisse und sind natürlich nicht erschöpfend. An dieser Stelle sollen kurz einige Perspektiven genannt werden, die wir uns für die Zukunft wünschen würden und für deren Umsetzung wir uns einsetzen wollen:

- für das Programm sollte überlegt werden, ob bei sehr stark zerstörter Bausubstanz besser Abbruch und Wiederaufbau betrieben werden sollten und in Baulücken in der inneren Stadt grundsätzlich auch Neubau möglich sein kann

- verstärkt könnte auch der Ausbau alter Gewerberäume in Wohnraum für die Zukunft bedeutsam werden

- bei der Einbringung von Selbsthilfe entstehen Probleme bei der Integration von Kindern, ggf. auch bei älteren Menschen oder Kranken. Eine Entlastung könnte z.B. über eine höhere Miete (von allen zu zahlen) bei hohen Tilgungsraten für einen etwas höheren Zuschuß erreicht werden, parallel dazu ist eine Beteiligung der Sozialbhörde über besondere Zuschüsse zu prüfen

- es sollten verstärkt Anstrengungen zur Auswertung von Altmaterialien, zum Baustoffrecycling und zur Einrichtung eines Werkzeugpools gemacht werden, um Gemeinkosten zu senken

- insbesondere durch die AST sollte eine verstärkte Information der Öffentlichkeit mit dem Ziel vergrößerter Akzeptanz des Programms durchgeführt werden. Das Programm könnte beispielhaft auch für andere öffentliche Förderungen angewandt werden. Ein Schritt in die Öffentlichkeit sind Begehungsbögen

- es werden ABB-Projekte in verschiedenen Stadtteilen gezeigt, die in Zusammenarbeit der AST und der STEB erstellt wurden

Es wird in Zukunft wie bisher viele Diskussionen und Auseinandersetzungen über dieses lebendige Programm mit allen Beteiligten geben, Veränderungen sowie Weiterentwicklungen sind gewünscht, und wir werden daran gerne arbeiten und uns beteiligen.

Joachim Meyer, Behörde für Arbeit, Gesundheit und Soziales
Die Verknüpfung von Arbeiten und Wohnen
Ein arbeitsmarktpolitisches Postulat

Die Bundesrepublik Deutschland steht zur Zeit in einer schweren Arbeitsmarktkrise, der schwersten Krise seit ihrem Bestehen. Zählt man einmal die registrierten Arbeitslosen, alle ABM-Beschäftigten, die arbeitslosen Teilnehmer an Fortbildungs- und Umschulungsmaßnahmen und die vorzeitig aus dem Erwerbsleben ausgeschiedenen Empfänger von Vorruhestandsleistungen und Altersübergangsgeld hinzu, dann sind gegenwärtig in ganz Deutschland 5,3 Mio. Menschen beschäftigungslos, mit den Kurzarbeitern sogar 6 Mio. 1994 wird es auf dem Arbeitsmarkt keine Entlastung geben, im Gegenteil: Der Sachverständigenrat prognostiziert für dieses Jahr in Westdeutschland Arbeitsplatzverluste in der Größenordnung von einer halben Million, die Zahl der Arbeitslosen wird jahresdurchschnittlich um rund 470.000 ansteigen.

Die sozialen Herausforderungen sind aufgrund der zunehmenden, bisher nicht zu schließenden Beschäftigungslücke immens, nicht nur in der Bundesrepublik. So hat auch die Europäische Union in ihrem 1993 veröffentlichten Grünbuch eine Weichenstellung für die Europäische Sozialpolitik gefordert:

> *"Die soziale Integration aller Bürger ist von strategischer Bedeutung, weil damit die Auswirkungen der bestehenden Maßnahmen des Wohlfahrtsstaates angepackt werden und für das künftige politische Handeln der Mitgliedstaaten ein anspruchsvolleres Ziel gesetzt wird. Der Gedanke, daß nicht nur der erwerbstätige, sondern auch der nichterwerbstätige Teil der Bevölkerung zur Bestätigung des Selbstwertgefühls eine soziale Rolle benötigt, bildet zusammen mit der Rückkehr zur Vollbeschäftigung, wenn auch in neuer Form, das Fundament einer aktiven zukunftsorientierten Sozialpolitik. Die Vernachlässigung des Ziels der sozialen Integration machte sich so lange nicht bemerkbar, wie ein hoher Beschäftigungsstand und die Zunahme des Volks- und Individualeinkommens die sich abzeichnenden Gefahren kaschieren konnten. Ein mäßiges Wachstum in Verbindung mit einem raschen Strukturwandel in der Gesellschaft hat die Schwachpunkte des bisherigen Konzepts aufgezeigt und deutlich gemacht, daß das Ziel der Einkommenssicherung unzureichend ist, wenn es nicht mit dem Ziel der sozialen Integration einhergeht."*

Welchen Beitrag kann die Arbeitsmarktpolitik zu einer beschäftigungsorientierten Strukturpolitik leisten, um die sozialen Herausforderungen anzunehmen? Festzuhalten ist, daß in der gegenwärtigen Situation in der Bundesrepublik die Möglichkeiten der Arbeitsverwaltung, einen Ausgleich auf dem Arbeitsmarkt herbeizuführen, wie es in § 1 des Arbeitsförderungsgesetzes als Zielsetzung postuliert ist, noch nie so schlecht gewesen sind. Um so mehr ist es relevant, daß diejenigen arbeitsmarktpolitischen Akteure, die ebenfalls für die Arbeitsmarktpolitik Verantwortung tragen, wie z.B. die Länder und Kommunen, durch ergänzende, unterstützende und eigene Instrumente so viel Druck und Innovation entfalten, daß der Bund und die Arbeitsverwaltung wieder zu einer aktiven Arbeitsmarktpolitik zurückkehren.

Angesichts der wirtschaftspolitischen Erkenntnis, daß Vollbeschäftigung aufgrund vielfältiger Faktoren kurz- bzw. mittelfristig voraussichtlich nicht zu erreichen ist, kommt der öffentlich geförderten Beschäftigung besondere Bedeutung zu. Hamburg hat seit Jahren mit dem Zweiten Arbeitsmarkt nach der programmatischen Ausrichtung "Nützliche Beschäftigung statt Hinnahme und Finanzierung von Arbeitslosigkeit" erheblich zur Entlastung des Arbeitsmarktes in Hamburg beigetragen. Rund 40.000 Menschen ist im Laufe der letzten Jahre mit den arbeitsmarktpolitischen Instrumenten zur Wiedereingliederung in den Arbeitsmarkt geholfen worden.

Um öffentliche Beschäftigungsmöglichkeiten erreichen zu können, werden Beschäftigungsfelder benötigt, die zusätzlich sind und im öffentlichen Interesse liegen.

Es müssen Beschäftigungsfelder innovativ nach folgenden Bedingungen gestaltet werden: Beschäftigungsprojekte sollen

- zusätzlich - aber nicht überflüssig
- im öffentlichen Interesse - aber keine Pflichtaufgabe
- Zweiter Arbeitsmarkt - aber nicht zweiter Klasse
- produktiv - aber nicht in Konkurrenz zum ersten Arbeitsmarkt
- kostengünstig - aber nicht lohndrückend sein

Vor diesem Hintergrund kommt im Rahmen der öffentlichen Beschäftigungsförderung den beiden wichtigsten gesellschaftspolitischen Bedarfsfeldern Arbeiten und

Wohnen eine besondere Bedeutung zu. In beiden Feldern sind die gesellschaftspolitischen Zielsetzungen zur Zeit massiv verletzt: Ein hoher Beschäftigungsstand, ebenfalls gesetzlich normiert und postuliert im Stabilisierungsgesetz, ist nicht erreicht, darüber hinaus fehlt es an ausreichendem und preiswertem Wohnraum. Oder anders ausgedrückt: Wir haben es mit Massenarbeitslosigkeit und Wohnungsfehlbeständen zu tun. In Anbetracht der immer wieder erhobenen Forderung nach Verzahnung und Vernetzung von Politikbereichen liegt es auf der Hand, diese beiden Bereiche auch förderungsrechtlich und förderungspolitisch im Rahmen der Hilfesysteme miteinander zu verknüpfen.

Im folgenden sollen einige Ansätze herausgestellt werden, bei denen es gelungen ist, die Politikbereiche miteinander zu verknüpfen.

Zielsetzung war und ist es, Arbeitslose im Rahmen von Arbeitsbeschaffungsmaßnahmen mit Mitteln der Wohnungsbauförderung, insbesondere der Städtebauförderung, in den Bedarfsfeldern Wohnumfeldverbesserung zu beschäftigen und zu qualifizieren. Die Arbeitsverwaltung tat sich zunächst sehr schwer, an einem solchen Programm förderungsmäßig mitzuwirken, obwohl mehrere Tatbestände im AFG auch im Rahmen von ABM (§ 91 Abs. 3 Nr.4 AFG) ausdrücklich strukturfördernde Maßnahmen verlangten. 1987 hat dann die Bundesanstalt für Arbeit nach einer intensiven ordnungspolitischen Debatte der Verknüpfung von Arbeitsförderungsmitteln mit Mitteln der Städtebauförderung zugestimmt.

Die Freie und Hansestadt Hamburg hatte im Rahmen von ABM-Vergabearbeiten ein entsprechendes Programm bei städtischen gemeinnützigen Wohnungsbaugesellschaften aufgelegt im Bereich der Wohnumfeldverbesserung, Fassadenerneuerung, Treppenhauserneuerung, Garten- und Landschaftsgestaltung. Dieses Programm ist auch umgesetzt worden. Die Aufträge wurden an private Firmen mit der Maßgabe vergeben, Arbeitslose unter Anleitung von Stammkräften zu beschäftigen. Es wurde aufgrund verengter Betrachtungsweise bei der Bundesanstalt für Arbeit jedoch nicht fortgesetzt.

Ein weiteres Feld für die Kopplung von Arbeiten und Wohnen ist der gesamte Bereich der Sanierung von Wohngebäuden. Dabei wurde das Ziel verfolgt, zur Abdeckung von unrentierlichen Kosten oder als Ergänzung von Selbsthilfeanteilen auch die Instrumente der Arbeitsförderung

- insbesondere ABM - einzusetzen. Diese Facette der verzahnten Förderung ist in Hamburg bei einzelnen Projekten der Sanierung ebenfalls realisiert worden.

Diese Beispiele dokumentieren, daß es möglich ist, kreativ unterschiedliche Förderbereiche zu verknüpfen, zeigt aber auch, wie schwierig bei Beachtung der Rahmenbedingungen die Umsetzung eines solchen Konzeptes vor Ort ist. Unterschiedliche Herangehens- und Betrachtungsweisen bei Auslegung von Fördertatbeständen auch im Hinblick auf ordnungspolitische Bedingungen spielen hier eine wesentliche Rolle. Bei gesamtgesellschaftlicher Betrachtungsweise - Verletzung von fundamentalen Zielsetzungen - ist jedoch zu fordern, Blockaden bei der Ausgestaltung von Bedarfsfeldern und Förderinstrumenten aufzugeben und auch neue Ansätze im Bereich von Arbeiten und Wohnen zu erproben. Im Beschäftigungs- und Sanierungsbereich gibt es nach wie vor viel zu tun. Die BAGS wird deshalb im Rahmen ihrer Arbeitsmarktpolitik weiterhin einen Schwerpunkt im Förderbereich Arbeiten und Wohnen setzen. Den geförderten Alternativen Sanierungsträgern Lawaetz-Stiftung und Stattbau Hamburg GmbH kommt dabei eine zentrale Bedeutung zu.

Ulla Iseler, Behörde für Arbeit, Gesundheit und Soziales
Von der Programmidee zum funktionierenden Verfahren

Was ist eigentlich wirklich neu?

Stadtsanierung - ein alter Hut?

Öffentliche Förderung von Wohnungsbau
- ein gängiges Mittel der Politik!

Kredite? Warum nicht?

Grundstücke?
Das entscheidet doch die Kommission!

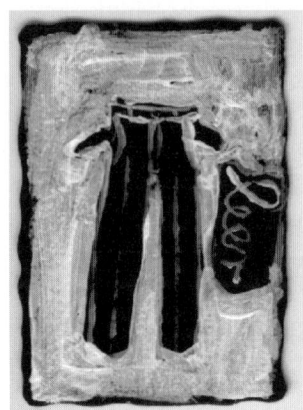

Kurz:
Keines der Elemente, die zur Realisierung der alternativen Stadtentwicklung zur Anwendung gebracht werden sollten, war wirklich neu. Sie waren nur irgendwie nicht zugänglich. Für diejenigen, die nichts hatten außer beiden Händen, großen Plänen, immer noch den Wunsch nach Teilhabe und einen wachsenden Zorn auf die Gesellschaft, die sie offenbar aus dem Blick verlor. Heute nennen wir es Vernetzung, und das Konzept ist so einfach wie erfolgreich.
Warum denn nicht Wohnungspolitik und Sozialpolitik verknüpfen, warum denn nicht die Arbeitsmarktpolitik für konkrete Projekte einsetzen, warum denn nicht öffentliche Gelder ohne Umwege in die eigentlichen Zwecke investieren?

Da war viel Überzeugungsarbeit zu leisten. Das gegenseitige Mißtrauen war ja nicht geringer geworden in den Jahren zuvor, und der Glaube an den "good will" war oft genug durch die sichere Kenntnis aller Unmöglichkeiten verdrängt.
Hätte sich entsprechender Sachverstand aus Universitäten, Handwerk, Verwaltungen und Zielgruppen nicht selbst organisiert und Gehör verschafft - man hätte sie erfinden müssen, die als Mittler und als Träger "zwischen den Stühlen" ihren Platz definierten.

Nunmehr gibt es seit vielen Jahren funktionierende "Alternative Sanierungsträger", und zwar:

die
Johann Daniel Lawaetz-Stiftung

und die
Stattbau Hamburg GmbH

Beide sogenannten ABBs - Alternative Baubetreuer - haben mit der Freien und Hansestadt Hamburg, vertreten durch die damalige Behörde für Arbeit, Gesundheit und Soziales, einen Sanierungsvertrag abgeschlossen, der beiden Trägern eine identische Grundausstattung in sozialwissenschaftlicher und bauwirtschaftlicher/

baufachlicher Kompetenz garantiert. Darüber hinaus finanzieren sich die Sanierungsträger über jeweils projektbezogene Honorarmittel.

Der Aufwendungsersatz der Freien und Hansestadt Hamburg wird in bedarfsgerechten Teilbeträgen auf der Grundlage des genehmigten Wirtschaftsplanes auf Anforderung des Alternativen Sanierungsträgers geleistet.
Mit der Bürgerschaftsdrucksache 12/350 vom 10.2.1987 wurden der Ansatz alternativer Sanierung von Häusern und die Förderung alternativer Wohn- und Lebensweisen von der Bürgerschaft beschlossen.

Dieser integrierte Ansatz verknüpft wohnungs-, sozial- und arbeitsmarktpolitische Ziele:

- preiswerter Wohnraum wird erhalten und geschaffen, neue selbstbestimmte Wohn- und Lebensformen werden unterstützt
- der beschäftigungsintensive Stadterneuerungsbereich wird für Problemgruppen des Arbeitsmarktes erschlossen

Auf der Grundlage des Konzeptes der alternativen Baubetreuung wurden und werden in der Freien und Hansestadt Hamburg vielfältige Instandsetzungsvorhaben fertiggestellt bzw. sind im Bau; hier nur einige wenige Beispiele:
- Schröder-Stift
- Chemnitzstraße
- Vorwerk-Stift
- Ausbildungswerkstatt "Pusteblume"
- Wohn- und Ausbildungsprojekte für benachteiligte Jugendliche im Rahmen von Arbeitsbeschaffungsmaßnahmen
- Große Freiheit - sogenannte Budenreihe
- Instandsetzung von Wohnungen für Jugendliche
- Wohngebäude "Winkelmannscher Hof"
- Wohnprojekt für obdach- und erwerbslose Männer im Rahmen von BSHG 19 Beschäftigungs- und Arbeitsbeschaffungsmaßnahmen
- ehemaliges Gesindehaus Karlshöhe
- Wohnprojekt für sehbehinderte Jungerwachsene u.a. mit Mitteln der BAGS, Landesamt für Rehabilitation
- Rabenhorst betreutes Jugendwohnen Sanierung unter Beteiligung des Harburger Beschäftigungsträgers "Lohn und Brot"

- Fett'sche Villa
  Wiederherstellung von Wohnraum für zwölf Behinderte in einer Wohngemeinschaft durch "Lohn und Brot" und andere
- Wohngebäude Billrothstraße in Altona für eine deutsch-türkische Hausgemeinschaft

Aus den vorgenannten Beispielen ist zu entnehmen, daß sowohl arbeitsmarkt- als auch sozialpolitische Aspekte Berücksichtigung fanden und finden. Auch für besonders benachteiligte Personengruppen wie Behinderte und Obdachlose wurde und wird das Programm in Anspruch genommen.

Frank Pieter Hesse, Denkmalschutzamt der Kulturbehörde
ABB: (k)ein Programm für Baudenkmale?

Vor fast zwanzig Jahren, im Europäischen Denkmalschutzjahr 1975, organisierte eine Gruppe von Studentinnen und Studenten an der Gesamthochschule Kassel eine Tagung unter dem Titel "Denkmalpflege ist Sozialpolitik"[1]. Während die von den engagierten Studierenden zur Diskussion gestellte, damals durchaus umstrittene Hypothese inzwischen zum - bisweilen auch überstrapazierten - Allgemeinplatz geworden ist, sind ihre Intentionen - Bewahrung einer vertrauten, identitätsstiftenden Umwelt (damals noch "Environment" genannt), Erhaltung preiswerter Behausungen, Sicherung von Anschauungsobjekten früherer Arbeits- und Lebensweisen - in der Realisierung von ABB-Projekten in Baudenkmalen so konkret geworden, wie sie im Tagungsmotto vielleicht nicht einmal gedacht waren. Ohne Mühe lassen sich diese Zielsetzungen auf viele der von den Wohngruppen, Alternativen Baubetreuern und Sanierungsträgern umgesetzen Vorhaben übertragen. Der Gedanke von Beheimatung in selbstgewählter, vertrauter Umgebung gewinnt in diesen Projekten - als Alternative zur Konvention von Einfamilienhaus oder Eigentumswohnung und anders als bei den mehr im städtebaulichen Maßstab argumentierenden Bürgerinitiativen und Kritikern der Stadtzerstörung ("Rettet unsere Städte jetzt![2]) - in der Form gruppenbezogenen, selbstbestimmten Wohnens als besonderes inneres und äußeres Identifikationsmerkmal parzellenscharfe, anschauliche Gestalt. So läßt sich vor dem Hintergrund, daß einerseits das ABB-Programm erklärtermaßen als sozialpolitisches Instrument verstanden wird, andererseits manches der Gebäude ohne die Erhaltungsmöglichkeit über ABB-Fördermittel denkmalpflegerisch verloren wäre, die These auch umkehren: Sozialpolitik ist bisweilen auch Denkmalpflege.

Wenn auch die Erhaltung von Baudenkmalen nicht erklärtes Ziel des Programms ist, so liegt sie aber aus zwei Gründen im Bereich seiner Wirkungsmöglichkeiten. Zum einen decken sich die Absichten des ABB-Programms mit Zielsetzungen der Denkmalpflege: Bestandsorientierung, Substanzerhaltung - schon aus Kostengründen. Zum anderen werden die ABB-Projekte größtenteils in Bauwerken realisiert, die oft schon aufgrund ihres Alters "denkmalverdächtig" sind. Selbst mit den beschränkten Möglichkeiten des ABB-Programms und der Denkmalpflege sind denkmalpflegerische Leistungen erbracht worden, die den Vergleich mit konventionellen Projekten nicht zu scheuen brauchen.

Wohl eine der bedeutendsten Denkmalgruppen, die durch ein ABB-Projekt instandgesetzt wurde, findet sich in den Mennonitenhäusern **Große Freiheit 73 und 75**. Letzteres, mit einem würdevollen Giebeldreick auf dem ansonsten traufständigen Bau, entstand wohl im dritten Viertel des 18. Jahrhunderts als Predigerhaus. Das andere diente, 1865 errichtet, der Religionsgemeinschaft als Versammlungs- und Kirchenwärterhaus. Hinter ihm stand bis zu ihrer Zerstörung 1945 die 1716 erbaute Mennonitenkirche. In der im früheren Altonaer Grenzbereich zu Hamburg gewährten Religions- und Gewerbefreiheit haben die Bauten wie der Straßenname ihren Ursprung.

Gleich gegenüber konnte durch eines der frühesten Projekte des ABB-Programms ein seltenes Dokument vorindustrieller Wohnhausarchitektur für Unterschichten, wie sie vor der gründerzeitlichen städtischen Verdichtung und vor den zahlreichen Kriegs- und Sanierungsverlusten noch weite Teile der Hinterhauslandschaft Altonas und Hamburgs prägt, gerettet werden: die um die Mitte des 19. Jahrhunderts entstandene, ursprünglich mit einem Vorderhaus versehene, aus acht Häusern bestehende Budenzeile **Große Freiheit 84**. Auch andere Projekte haben sich im Bereich denkmalschutzwürdiger Terrassen und Hinterhäuser angesiedelt: Hierzu gehören z.B. die sog. Bach-Terrasse **Schanzenstraße 41 a** (erbaut 1860/80, z.T. zerstört) als Teil eines großen Terrassenensembles (mit Schanzenstraße 33-37 und Hamburger Hof, Schulterblatt 24) und die als Ursprung des sozialen Wohnungsbaus in Hamburg geltende **Jägerpassage** Wohlwillstraße 20-28 (erbaut 1866). Während noch 1982 die Nordzeile abgebrochen wurde, sanierte die SAGA vor einigen Jahren Vorderhaus und Mittelterrasse, der vom Krieg verschonte Rest der Südzeile (Häuser 1 und 2) darf nach streitbaren Jahren nun auf die Instandsetzung mit ABB-Mitteln hoffen[3]. Das umfangreiche Vorhaben der Falkenried-Terrassen (erbaut 1890-1903) ist zwar nicht Bestandteil des ABB-Programms, aber es ist sicherlich auch den erfolgreichen ABB-Projekten zu verdanken, daß hierfür eine Sonderfinanzierung bereitgestellt wurde. Alle vier Hinterhausprojekte wurden bzw. werden in Bauten realisiert, die bedeutende Zeugnisse der Sozial- und Baugeschichte Hamburgs darstellen und aus dem charakteristischen Erscheinungsbild der Stadterweiterungsquartiere kaum wegzudenken sind[4].

Zu den schon früh erfolgreich abgeschlossenen Projekten gehören das 1866/67 errichtete **Vorwerk-Stift** Vorwerkstraße 21, das zu den ältesten erhaltenen Stiftsbauten zählt. Das um 1860 errichtete Haus **Billrothstraße 55** und das etwa zehn Jahre später erbaute Haus **Hospitalstraße 102** repräsentieren jeweils mit ihren Nachbargebäuden und den anschließenden Bauten Reste der Altonaer Altstadt und sind daher für das Stadtbild unverzichtbar[5]. In ähnlicher Weise gilt dies auch für **Chemnitzstraße 3-7** (um 1893) und für die aus der zweiten Hälfte des 19. Jahrhunderts stammenden Ottensener Gebäude **Am Felde 18**, **Am Felde 87**, **Große Brunnenstraße 55 a**, und **Klausstraße 10** (früher 12-14). Ein bedeutendes Industrieensemble Ottensens ist mit der Ottensener Drahtstiftefabrik in der **Zeißstraße 22-34** erhalten worden; sie besteht aus einem um 1860 errichteten Sahl-Vorderhaus (das zweite wurde vor wenigen Jahren durch eine Nachempfindung ersetzt) und den seit jener Zeit bis in die 20er und 50er Jahre hinein an- und ausgebauten Fabrikhinterhäusern[6].

Neben diesen innerstädtischen Projekten gibt es auch einige mehr am Rande der Stadt, deren Häuser zuvor kaum eine andere Perspektive als Abbruch hatten. Im Rahmen des ABB-Programms konnten ein Teil der Instandsetzung des landhausartigen, 1913 erbauten Bahnhofs **Rübenkamp** (Barmbek-Nord) und die Instandsetzung des Gebäudes **Rabenhorst 7** in Wellingsbüttel, das zum ehemaligen typischen Baubestand der Alstertal-Terrain-Gesellschaft aus den 20er Jahren gehörte, finanziert werden, ebenso das aus der ersten Hälfte des 19. Jahrhunderts stammende **Gesindehaus** des ehemaligen Staatsgutes **Karlshöhe** (Bramfeld). Das als Nachfolgebau eines abgebrannten Bauernhofes 1919/20 errichtete Wohnwirtschaftshaus **Kieler Straße 650** war ebenfalls lange Zeit gefährdet und kann, wenn die Mittel des ABB-Programms ausreichen, einer denkmalgerechten Instandsetzung im Rahmen zweier Wohngruppenprojekte entgegensehen. So bliebe Eidelstedt nicht nur eine letzte Erinnnerung an seine dörfliche Zeit, sondern auch ein typisches Bauzeugnis des Heimatstils erhalten.

Kieler Straße 650

Zweifellos hat das ABB-Programm dazu beigetragen, alle diese wertvollen Baudenkmale für Hamburg und seine Stadtteile zu erhalten und ihren Bewohnern ein angemessenes, selbstbestimmtes

 Leben zu bieten. Angesichts der Bedeutung der Baudenkmale waren in den meisten Fällen auch besondere Anforderungen an die denkmalgerechte Ausführung der Instandsetzung zu stellen wie z.B. Holzfenster mit Sprossen, Tonpfannen auf dem Dach, mineralische Fassadenfarbe etc. Nur in den wenigen Fällen, in denen die Wohngruppen selbst Eigentümer wurden, war es auch möglich, Mittel der Denkmalpflege beizusteuern. Meist jedoch fand sich für die Erfüllung der denkmalpflegerischen Anforderungen ein Weg. Die Beispiele zeigen aber auch, daß die Kraft des ABB-Programms nicht nachlassen darf, wenn diese glückliche, so anschaulich konkrete und beispielhafte Verbindung von Sozialpolitik und Denkmalpflege Bestand haben soll.

Anmerkungen

[1] Lucius Burckhardt, Wolfgang Nicolaisen, Guntram Rother, Andreas Veigel (Hg.): Denkmalpflege ist Sozialpolitik. Schlußbericht. Kassel 1977
[2] vgl. z.B. stern Nr. 13 v. 24. 3. 1994
[3] Silvia Kleinschmidt, Michael Roese: Wohnprojekt Jägerpassage. Hamburg o.J. (1986)
[4] vgl. hierzu Jörg Haspel, Hamburger Hinterhäuser. Terrassen - Passagen - Wohnhöfe. Hg. Kulturbehörde/Denkmalschutzamt Hamburg (Hamburg-Inventar: Themen-Reihe Bd. 3). Hamburg 1987
[5] vgl. Christoph Timm, Altona Altstadt und -Nord. Denkmaltopographie Bundesrepublik Deutschland: Hamburg-Inventar, Stadtteilreihe. Hg. Kulturbehörde/Denkmalschutzamt Hamburg. Hamburg 1987, S. 61 ff.
[6] Kulturbehörde Hamburg - Denkmalschutzamt (Hg.): Die Zeißstraße. Osterkirchenviertel Ottensen. (= Denkmalpflege Hamburg, H. 6), Hamburg 1991

Detlef Rapp, Architekt
Das ABB-Verfahren – unsortierte Eindrücke eines Architekten

Für den Architekten bedeutet die Bearbeitung eines ABB-Projektes zunächst den selbstverständlichen Umgang mit allen Planungsschritten und Problemen, die andere, vergleichbare Bauaufgaben mit sich bringen. Darüber hinaus wird die Bearbeitung jedoch geprägt durch den Umgang mit den Nutzergruppen und den Besonderheiten des Verfahrens.

Der Architekt gesehen als ausführendes Organ eines technischen Vorhabens mit gestalterischer Verantwortung oder doch mitverantwortlich für städtebauliche Entwicklungen und damit soziostrukturelle Veränderungen? Vom Bauherrn gerne gesehen als technisch Allwissender, mit einem dem Bauherrn verwandten Empfinden für Gestaltungsfragen und hier nun auch noch politisch integer aus einer im allgemeinen als nicht mehrheitsfähig benannten Sicht?

"Wir begreifen unser Projekt nicht als Endpunkt einer von uns selbst bestimmten Entwicklung, sondern als Plattform für Agitation und Propaganda."

Zitat aus der Selbstdarstellung eines Projektes von 1989.

Die Wohngruppe wählt einen Architekten ihres Vertrauens.

Erste Etappe ist die Bearbeitung bis zum Bauantrag. Die Beteiligten müssen sich in ihre Rolle finden. Die Nutzergruppe empfindet sich als Bauherr, offiziell und in der Außendarstellung zum Beispiel Richtung Behörden gilt jedoch der Baubetreuer als Bauherr. Die Nutzergruppe wählt einen Architekten ihres Vertrauens, Auftraggeber des Architekten wird jedoch der Baubetreuer.

Die ersten Planungsschritte werden geprägt durch die Bindung der Gruppe an das zu beplanende Gebäude. Befindet sich das Gebäude bereits fest in der Hand der späteren Nutzer, wird es schon oder noch bewohnt, wurde es per Hausbesetzung erobert, oder wird der architektonische Planungsprozeß noch überschattet von der Anstrengung, die Nutzung des Gebäudes erst durchzusetzen?
Schwerpunkt der Arbeit dieses ersten Abschnittes ist die gemeinsame Abstimmung von Grundrißlösungen, gestalterische Fragen treten beim Bauherrn noch in den Hintergrund.

Mit Beginn des Planungsverfahrens stehen die Beteiligten, Architekt, Baubetreuer und Nutzergruppe, einig für die Durchsetzung des Projektes. Lediglich kleinere Hakeleien zwischen Baubetreuer und Gruppe um Fragen des Betreuervertrages oder das Auftreten gegenüber Zuwendungsgebern, Vor-/ Besitzern oder anderen Beteiligten trüben gelegentlich die Stimmung, da die Nutzergruppen mit Beginn des Verfahrens einen klaren und im Sinne der Vertretung vitalen Eigeninteresses kompromißlosen Kurs betreiben.

Ein Projekt, an dem Detlef Rapp gearbeitet hat: Hospitalstraße 102

Trotz oder vielleicht wegen der vorstehend angeklungenen Orientierung der ABB-Nutzergruppen unterscheiden sich die Projekte untereinander erheblich. Macht es für den Architekten schon einen Unterschied, ob er es sowohl mit dem Bauherrn "Baubetreuer", als auch mit einem weiteren Bauherrn "Nutzergruppe" bestehend aus sieben oder zwanzig oder gar fünfzig Mitgliedern zu tun hat, gibt es ergänzend recht unterschiedliche Interessenlagen der Gruppen. Die einen sehen ihren politischen Anspruch im Vordergrund, andere suchen vorrangig einen Freiraum für ihre selbstgewählte Lebensform, wieder andere benennen im engeren Sinne städtebauliche Fragen wie den Erhalt wertvoller Bausubstanz als wichtige Grundlage ihres Projektes.

Das ABB-Verfahren sieht für Instandsetzungsarbeiten an der vorhandenen Bausubstanz die Übernahme von fünfzehn Prozent Eigenanteil vor. Dieser Eigenanteil soll durch Selbsthilfearbeiten der Gruppe erbracht werden. Modernisierungsanteile wie zum Beispiel die Einrichtung zusätzlicher Naßzellen oder entstehende Kosten aufgrund von Grundrißveränderungen können zusätzlich durch die Übernahme von Selbsthilfeleistungen finanziert werden.

Im Laufe des Planungsverfahrens sieht sich der Architekt in der Situation, auf Grenzen des Machbaren hinzuweisen, Grenzen, die durch Bauordnung oder vorgegebenen Ausstattungsstandard im Förderverfahren definiert sind. So kann es problematisch oder kostspielig werden, unter ganz anderen Vorzeichen einstmals entstandene Bausubstanz an die einer Gruppe eigenen Vorstellungen von Raumkonzepten anzupassen.
Wie nahezu alle Bauherren muß die Gruppe Bescheidenheit lernen. Auf der anderen Seite sieht der Architekt sich genötigt, Bauplanung und "basisdemokratische Entscheidungsverfahren" unter einen Hut zu bringen. In der Praxis bedeutet dieses die Erarbeitung von Vorschlägen, ggf. unter aktiver Beteiligung eines Teiles der Gruppe, die Diskussion dieser Vorschläge in der Gesamtgruppe und ihre Bearbeitung bis zum eindeutigen Konsens.

Besonderheit der Tätigkeit in diesem ersten Planungsschritt ist zum einen die

Anpassung der vorstehend beschriebenen langwierigen internen Entscheidungsprozesse beim Bauherrn an das Planungsverfahren, zum anderen vor allem die Schwierigkeit, Grundrißvorstellungen einer Großgruppe mit besonderen Vorstellungen über ihren künftigen Lebensraum mit den Möglichkeiten vorhandener Altbausubstanz und den Vorschriften der geltenden Bauordnung in Deckung zu bringen.

Am Ende dieses Prozesses steht der von allen getragene Bauantrag. Gemeinsam mit der parallel erarbeiteten Kostenberechnung wird er Grundlage für die bei der Stadtentwicklungsbehörde abgeforderte Freigabe zur weiteren Planung.

Im Laufe der folgenden Ausführungsplanung gilt es wiederum, die vorstehenden Probleme zu überwinden, verstärkt sind jedoch rein finanzielle Aspekte zu diskutieren.

Das ABB-Verfahren funktioniert unter der Prämisse sozialer Wohnungsbau - "unterer Standard". Der im Laufe der vergangenen Jahre immer genauer beschriebene Leistungsumfang des ABB-Verfahrens hat einerseits ein Mehr an Klarheit für die Planung geschaffen, jedoch gleichzeitig ehedem vorhandene Spielräume eingeengt. Nach den derzeit gültigen Vorgaben sind auch Ausstattungsmerkmale sozialen Wohnungsbaus zu hinterfragen. So wird als Eigenheit erwartet, daß die Nutzer erhöhtes Interesse an der Instandsetzung vorhandener Substanz zeigen, zum Beispiel, indem vorhandene Holzdielen zur Wiederverwendung bearbeitet werden und auch ein "geflickter" Bodenbelag akzeptiert wird. Die Nutzergruppen haben zwar die Möglichkeit, den vorgegebenen Standard überschreitende Sonderwünsche über verstärkten Einsatz in der Bauphase abzuarbeiten, einem Laien den Umfang der zu leistenden Arbeit plastisch darzustellen ist jedoch ein schwieriges Unterfangen.

Aus Sicht des Architekten spannendster Abschnitt wird die Bauphase.
Über allem steht die schwierige Aufgabe, innerhalb des vergleichsweise engen Finanzierungsrahmens eine in der Regel außerordentlich marode Bausubstanz sinnvoll zu sanieren. Der zur Umsetzung des Projektes notwendige Mut, sich in bautechnischen Fragen im Zweifelsfall nicht immer auf die sichere, also kostentreibende Seite zu schlagen, wird keineswegs von allen Beteiligten begrüßt. Auf der einen Seite werden sogenannte Abrißgutachten verteufelt, auf der anderen Seite wird vom "neuen Hausbesitzer" gerne die technisch eindeutigste Lösung gefordert, also eine Lösung, die unter dem Aspekt Kostenvergleich eher für Abriß und Neubau stehen würde.

Mit Beginn des Baubetriebes wandelt sich das Verhältnis des Architekten zur Nutzergruppe. Der Bauherr Nutzergruppe wird mit Baubeginn gewissermaßen auch bauausführende Firma.
Der fünfzehnprozentige Eigenanteil sowie die sogenannten Modernisierungsanteile sind als Selbsthilfe abzuarbeiten. Erstes Problem für die Nutzergruppe ist das Verständnis für das Abrechnungsverfahren nach Vergleichspreisen von Firmen in gemäß Leistungsverzeichnis beschriebener Form. Es gibt also keine Möglichkeit, mit dem Zuwendungsgeber auf Stundenbasis abzurechnen. Die von Architekten und Baubetreuer vorab aufgrund von Erfahrungen benannten zu erwartenden "Stundenlöhne" sind für die Nutzergruppen gewöhnungsbedürftig.
Wird für das Erbringen einer bestimmten Leistung ein DM-Betrag pro Einheit wie Quadratmeter abzüglich des tatsächlichen Materialaufwandes der Gruppe gutgeschrieben, so ist es gleichgültig, ob diese Leistung in einer Stunde oder an einem Tag erbracht wird. Darüber hinaus ist die Gruppe über das Gegenrechnen des Materialaufwandes für eine fachgerechte, also sparsame Verwendung verantwortlich.
Erleichtert wird der Bauprozeß, wenn die Gruppe sich entscheiden kann, Spezialistenteams zu bilden, in denen bereits vorhandene oder zu erwerbende Kenntnisse über die gesamte Bauzeit genutzt werden.
Die Bauleitung sollte in der Lage sein, in der Auswahl der Selbsthilfearbeiten der Gruppe Aufgaben zuzuführen, die zu bewältigen sind, und darüber hinaus möglichst in der Lage sein, für diese Arbeiten praktische Anleitung zu geben. "Alle Gruppenmitglieder sollen am Bau möglichst alles lernen" - Ein idealer Ansatz vieler Nutzergruppen, der sich gegen Spezialistentum wendet, aber im Verfahren nicht zu halten ist. Die Abwicklung und die Verflechtungen des Baubetriebes mit herkömmlichen ausführenden Firmen erfordern die Erledigung bestimmter Arbeiten in einem bestimmten Zeitraum, Spezialisierung tut not, und diese Erkenntnis setzt sich in der Regel mit der ersten Abrechnung der Selbsthilfearbeiten durch.
Insgesamt fällt es den Gruppen schwer, sich in den normalerweise rein ökonomisch orientierten Bauablauf einzubinden. Die zuletzt gute baukonjunkturelle Lage hat nicht nur zu einer erheblichen, für die Gruppen ungünstigen Kostensteigerung beigetragen, sondern auch die Bereit-

schaft der ausführenden Firmen, sich auf einen verzögerten Bauablauf einzulassen, deutlich gesenkt.

Die Bauleitung hat also auf der einen Seite die Interessen der Nutzergruppe zu vertreten. So interpretieren bauausführende Firmen die Anwesenheit einer scheinbar nicht strukturiert arbeitenden Nutzergruppe gerne dahingehend, daß diese für alle Ordnung und Sauberkeit herzustellen hat.
Auf der anderen Seite muß die Bauleitung die bauende Nutzergruppe beaufsichtigen und gelegentlich antreiben (Gewährleistungsfragen sind hier nicht zweifelsfrei geklärt). Theoretische Kenntnisse reichen dem Architekten in dieser Phase nicht mehr. Er muß in der Lage sein, praktische Anleitung zu geben, auf unwirtschaftliche Arbeitstechniken aufmerksam machen und gegebenenfalls handwerkliche Kniffe vermitteln können.

Innerhalb und über die Grenzen der einzelnen Gruppe hinweg bietet das erfahrene Engagement die breite Palette von weitgehendem Desinteresse am Bauablauf bis hin zu vehementem persönlichen Einsatz. So zum Beispiel, wenn sich eine Gruppe entschließt (über das vorgesehene Arbeitsvolumen hinaus), eigentlich nicht mehr finanzierbare Stuckkonsolen unter Anleitung fachgerecht nachzubilden.

Die bauausführende Nutzergruppe hat erfahrungsgemäß nicht zwangsläufig vorrangiges Interesse an einer zügigen und wirtschaftlichen Abwicklung ihrer Arbeiten. Andere, wichtiger gesehene private Interessen oder zum Beispiel kraftraubendes berufliches Engagement der Selbsthelfer verringern den Einsatzwillen, und Architekten werden hier unter Umständen mit einem Bauherrn konfrontiert, der den Bauablauf erheblich verzögert.
Die in der Regel konträr zu einem durch das Programm vorgegebenen, ökonomischen Bauablauf gelagerte Interessenlage der Nutzergruppen erfordert von dem bearbeitenden Architekturbüro eine ständige Prüfung der Bereitschaft, sich auf derartige Prozesse und wiederkehrende Diskussionen einzulassen oder Bauleiter einzusetzen, die sich dieser Aufgabe offen stellen können.

Im ABB-Verfahren wird ein Bauvorhaben abgewickelt, das aufgrund der vorgegebenen Verfahrensweise eher als andere Vorhaben Konflikte zwischen Bauherr-Nutzergruppe, Bauherr-Baubetreuer und Architekt hervorrufen kann. So ist es keine Seltenheit, daß sich Baubetreuer und Architekt während der Bauzeit fragen, ob und wie die Nutzergruppe als Bauausführende in die Pflicht genommen werden können, um das Projekt in einem einigermaßen überschaubaren Zeitrahmen fertigzustellen. Die Leistungsfähigkeit, die

die Gruppen bis zum Baubeginn erkennen lassen, setzt sich nur selten im Bauablauf fort. Die Anforderungen an die Selbsthilfe sind hoch, zur Zeit kaum mit den Zuwendungsgebern diskutabel, und so wird den Betreuenden durch die Nutzergruppe oftmals unterstellt, Erfüllungsgehilfe dieser Anforderungen zu sein, die als ungerecht empfunden werden.

Eines Tages kommt es jedoch bei jedem Projekt zur Fertigstellung, und mit der Bewohnbarkeit kehren in der Regel Eintracht und Befriedigung bei den Beteiligten ein.

Es bleibt der Eindruck, daß sich Menschen einen ihnen entsprechenden Ort geschaffen haben, der, in der heutigen Situation fast eine Besonderheit, auch auf lange Sicht finanzierbar sein wird.

Es bleibt aber auch der Eindruck, mit Menschen gearbeitet zu haben, die sich diesen Ort (mit diesem ABB-Programm) aufgrund der eigenen Leistungs- und Durchsetzungsfähigkeit geschaffen haben. Es ist wohl kein Programm für diejenigen weniger Durchsetzungsfähigen, die heute besonders unter der Vertreibung aus den Quartieren und unter Wohnungsnot zu leiden haben.

im Mai 1994

Josef Bura, Stattbau Hamburg GmbH
Alternative Sanierung in Hamburg
Hintergründe – Entstehung – Strategien – Effekte

Hintergründe: Die innere Stadt im Umbruch

Ende der 60er Jahre lagen monströse Umstrukturierungspläne in den Schreibtischen von Stadtplanern und Architekten. Von der Alster über das Karolinenviertel und St. Pauli-Süd bis hin nach Ottensen sollten die innerstädtischen Altbauviertel der Gründerzeit, die sich wie ein Ring um die Wallanlagen legen, neu gestaltet werden. In St. Georg wurde von der Neuen Heimat ein gigantisches Alsterzentrum geplant, im Karolinenviertel ging es um die Erweiterung des Messegeländes, in St. Pauli-Süd um ein hafennahes Verwaltungszentrum mit qualitativ hochwertigem Wohnangebot und Blick auf die Elbe, und in Ottensen - mit Auto- und Fernbahnanschluß - war der Bau der City West vorgesehen, eines ähnlichen städtebaulichen Monstrums wie der City Nord.

Diese Planungen mußten Anfang der 70er Jahre aufgrund gewandelter wirtschaftlicher Voraussetzungen aufgegeben werden. Die Wirtschaftsprognosen wiesen auf eher rezessive Entwicklungen hin, die Bevölkerungsentwicklung Hamburgs war rückläufig, und die öffentlichen Kassen waren auch damals leer. Für großvolumige Entlastungszentren des tertiären Sektors, mit denen der Umwandlungsdruck auf die Hamburger City aufgefangen werden sollte, bestand kein Bedarf mehr. Es fehlte auch an der Finanzkraft, um Neubauviertel im Stile des Osdorfer Borns (quadratisch - praktisch - gut) oder mit noch gigantischeren Ausmaßen in den innenstadtnahen Vierteln zu verwirklichen. So blieb Hamburg eine gewaltsame Flächensanierung mit der Zerstörung der gesamten gründerzeitlichen innenstadtnahen Bereiche erspart.

Die innerstädtischen Altbauviertel rückten dennoch in das Blickfeld städtebaulichen Interesses. Kaum waren mit dem Städtebauförderungsgesetz die gesetzlichen Grundlagen für gezielte stadtentwicklungspolitische Interventionen formuliert, wurde in Hamburg ein erstes Projekt umgesetzt: das Modellvorhaben Karl-Theodor-Straße in Hamburg Ottensen. Mit der daran gekoppelten publizistischen Aufwertung durch das *zeitmagazin*" wurde mit diesem Vorhaben das Image der Hamburger "behutsamen Stadterneuerung" begründet: ob zu Recht, das sei hier dahingestellt.

Der Grund für dieses Interesse wurde Anfang der 70er Jahre offen diskutiert: Mehr als um das statistische Minus in der Bevölkerungsentwicklung ging es um die Frage, wer eigentlich der Stadt den Rücken kehrte. Und das war offenkundig: Vor allem einkommensstarke Bevölkerungsschichten siedelten in das nahe Hamburger Umland um. Das sah der Herr der Hamburger Finanzen nicht gerne. Denn damit gingen der Stadtkasse Lohn- und Einkommensteuer und dem lokalen Handel Kaufkraft verloren, wohingegen die Abgewanderten die Infrastruktur der Großstadt, den öffentlichen Personennahverkehr, das kulturelle Angebot etc. weiter nutzten - also Kosten produzierten. Das Thema war hochgradig politisiert, ihm wurden auch sonstwo Bücher gewidmet[1], und die stadtentwicklungspolitische Diskussion in Hamburg war voll von Anregungen, was man unternehmen könne, um diesem Trend entgegenzuwirken[2].

Mit einer Aufwertung der bis dahin vernachlässigten innerstädtischen Viertel und der Anwendung des Städtebauförderungsgesetzes (wodurch auch Bundesmittel nach Hamburg geholt werden konnten), sollten dort die Wohnbedingungen nachhaltig verbessert werden. Denn in den klassischen Arbeitervierteln der Gründerzeit waren in Erwartung der großflächigen Umstrukturierungsvorhaben die notwendigen Investitionen zur Pflege und Modernisierung des Wohnungsbestandes unterlassen worden. Die Folge davon waren nicht nur miserable Wohnverhältnisse und generell stark vernachlässigte Bausubstanz.

Auch die Menschen hatten in den Jahren der Planungsunsicherheit reagiert. Die, die es sich leisten konnten und die noch mobil waren, verließen die Altbauviertel, um häufig genug in die seit Mitte der 60er Jahre entstehenden Großsiedlungen umzusiedeln. Dort schätzten sie an den neu entstandenen Wohnvierteln vor allem den hohen technischen Stand der Wohnungsausstattung.

Diese neuen Trabantenstädte waren allerdings weniger beliebt bei den umworbenen Mittelschichten. Denen lagen mehr gemütliche Altbauten am Herzen[3], und die gab es ja reichlich in den innerstädtischen Altbauquartieren. Hier anzupacken war insofern ein politisches Gebot der Stunde. Es lag auf der Hand, daß die Interessen der dort noch verbliebenen Bevölkerung nicht sonderlich im Blickfeld der Agierenden standen. Die mehr immobilen Bevölkerungskreise, alte Menschen und sonstige einkommensschwache Bevölkerungskreise waren als Adressaten der geplanten Aufwertungsprozesse nicht gemeint.

Zwar wurde in Hamburg bis auf die Hexenberg-Siedlung oberhalb des St. Pauli-Fischmarktes keine Radikalsanierung betrieben, dennoch sahen die Sanierungskonzepte der ersten Stunde häufig genug den Abriß von dreißig bis vierzig Prozent der bestehenden Gebäude vor[4]. Die städtebauliche Logik war klar: Das Wohnumfeld sollte nachhaltig verbessert, und durch Investitionen in den Wohnungsbestand sollte die Wohnqualität auf ein anderes Niveau angehoben werden.

Wohnumfeldverbesserung hieß in erster Linie: Auflockerung der gründerzeitlichen Bebauungsdichte durch Schaffung von "modernen" städtebaulichen Strukturen. Licht, Luft und Lokus mußten in die Wohnungen. Die berühmten drei "L" sollten auch in den altstädtischen Vierteln zum allgemeinen Wohnstandard werden. Was Licht und Luft anbelangte, so ging es den Sanierungsbetreibern um moderne Siedlungsstrukturen anstelle von typisch gründerzeitlichen Schlitzbauweisen und Terrassenwohnanlagen.

Moderne Siedlungsstrukturen waren in den eng bebauten Vierteln aber nur möglich durch Aufreißen von Gebäudeensembles, von Blockrandbebauungen und teilweise auch von noch intakten Straßenzügen sowie durch "Entkernen" von Innenhöfen. D. Bremer hat sich in ihrer Studie über die Sanierung von St. Pauli-Süd mit den städtebaulichen Ideologien dieser ersten Sanierungswelle auseinandergesetzt und beschrieben, welche Folgen diese für die betroffenen Stadtteile hatte[5]. Am Beispiel der Neubebauung des Areals zwischen Lincolnstraße, Bertha-Keyser-Weg und Silbersacktwiete in St. Pauli-Süd südlich der Reeperbahn kann man heute exemplarisch nachvollziehen, wie drastisch solche Vorstellungen dort, wo sie umgesetzt wurden, die Stadtteile verändert haben. Gleichzeitig ist diese Bebauung ein abschreckendes Beispiel dafür, wie "moderne" Stadtstrukturen mitten in Altbauvierteln aussehen und ganz offensichtlich auch aussehen sollten.

Was die technische Aufwertung der Wohnungen, das dritte "L" betraf, so ging es um mehr als den "Lokus" in der Wohnung. Durch zeitgemäße technische Standards sollte das Wohnen attraktiver gemacht werden. Konkret hieß das: Isolierverglasung, Wärmedämmung, Einbau von Heizungen, Bädern und/oder Duschen in die Wohnungen. Klar, daß diese Investitionen für die Mieter nicht kostenlos waren. Die Mietpreise nach Modernisierung sollten an die Neubaumieten "herangeführt" werden, ein bis heute aktuelles Thema in Hamburg.

Neubau und Vollmodernisierung sollten den verbleibenden Bestand grundlegend aufwerten, durch Abrisse sollten die städtebaulichen Rahmenbedingungen der Neustrukturierung geschaffen werden[6].

Das Städtebauförderungsgesetz oder das Hamburger Verfahren SikS (Stadterneuerung in kleinen Schritten) als örtliche Variante der Anwendung des Bundesbaugesetzes lieferten dabei den formalen Rahmen für die angewandten Verfahren[7].

Entstehung: Der Druck der Verhältnisse

Für die einen, die mehr das wohlgemeinte gesamtstädtische Interesse im Auge hatten, war diese Aufwertung notwendig. Andere, die in den Vierteln wohnten, fanden die Sanierungsverfahren zumeist bedrohlich.

Dort, wo die Sanierung ab Mitte der 70er Jahre umgesetzt wurde, formierte sich Widerspruch gegen die Pläne in Form von Mietergruppen und Stadtteilinitiativen. Dieser richtete sich vor allem gegen die hohen Abrißquoten in den Vierteln und gegen die mit den Sanierungsmaßnahmen verbundenen Mietpreiserhöhungen. Während die Sanierungsbetreiber in erster Linie die Aufwertung der Stadtteile im Auge hatten und ihr Interesse auf einkommensstärkere Schichten richteten, ging es den Mieterinitiativen und Stadtteilgruppen um die Sicherung des Bestandes und die Wahrung der Chancen der dort ansässigen Bevölkerung.

Die unter den oben beschriebenen stadtentwicklungspolitischen Vorstellungen vorangetriebene Sanierungspolitik war zunächst noch relativ rigoros betrieben worden. Häuser fielen dem Abriß zum Opfer, andere wurden entmietet, um sie später abzureißen. Dies mobilisierte den sich schon artikulierenden Protest noch stärker, weil der Mangel an preiswertem Wohnraum auch damals evident war und mit voranschreitender Sanierung der Bestand an preiswertem Wohnraum weiter reduziert wurde.

Hausbesetzungen stellten zunächst vereinzelte - in der Mitte der 70er Jahre in der Ekhofstraße in Hamburg-Hohenfelde[8]-, dann ab Anfang der 80er Jahre in den innerstädtischen Sanierungsgebieten häufige Reaktionen dar. Vordergründig bezogen sich diese Aktionen konkret auf entmietete und abrißgefährdete Gebäude. Inhaltlich richteten sie sich jedoch vor allem gegen die Ziele der Sanierung insgesamt.

Die Sanierungskonzepte mit ihren städtebaulichen Vorstellungen und mit ihren sozialen Folgen riefen nicht nur praktischen Widerstand bei den AktivistInnen aus den Mietergruppen hervor - auch die Fachöffentlichkeit kritisierte zunehmend die Sanierungspolitik. Die Folge: Die Umsetzung der Sanierungspolitik verzögerte sich. Dies wiederum zog eine weitere Folge nach sich: Gebäude waren entmietet worden, ohne daß sich nunmehr die Umsetzung der ursprünglichen Planungen realisieren ließ. Damit waren sie über Jahre hinweg Dokumente einer in ihren Zielvorstellungen verunsicherten Sanierungspolitik.

Mehr als die Auseinandersetzungen in Hamburg sollten Entwicklungen in Berlin Einfluß auf Hamburger Verhältnisse nehmen. Dort waren zugegebenermaßen die Sanierungseingriffe in die Stadtstruktur weitaus rabiater - und die entsprechenden Reaktionen ebenfalls. In Berlin hatte der Widerstand gegen Sanierungsvorhaben eine handfeste Krise des politischen Systems und der bis dahin herrschenden politischen Elite heraufbeschworen. Als Anfang der 80er Jahre über hundertsechzig Häuser in Berlin Kreuzberg besetzt waren, waren wochen- und monatelang Kreuzberger Verhältnisse Gegenstand öffentlicher Diskussionen. Eine politische Krise fegte einen Senat aus dem Amt, der damit faktisch über die Folgen der Sanierungspolitik gestolpert war, und mit der darauffolgenden Wahl bescherten sich die Berliner neue politische Verhältnisse. In Hamburg wurde dies teils interessiert, teils mit großer Besorgnis registriert - je nach politischem Standpunkt.

Strategien: Grundlagen und Instrumente

Die Berliner Ereignisse schufen in Hamburg weitere Verunsicherung bei der Umsetzung der anstehenden Sanierungsprogramme. Hausbesetzungen in den Sanierungsgebieten lieferten neue Anlässe, sich kritisch mit den Folgen der angedachten und teilweise umgesetzten Maßnahmen zu befassen. Mit polizeilicher Reaktion auf die Besetzungen waren die anstehenden Probleme nicht zu lösen. Denn es wurde offensichtlich, daß die ursprünglichen Konzepte der Sanierung politisch nicht vermittelbar und nur mit Gewalt durchsetzbar waren. Die fachliche und auch die öffentliche Kritik verstärkte sich.

An vielen Orten der Stadt bildeten sich Zirkel, die das Ziel verfolgten, die bestehenden Konfrontationen zu beseitigen. Bei "Mieter helfen Mietern", einem Hamburger Mieterverein mit wohnungspolitischem Denk- und Aktionsansatz, trafen sich Besetzergruppen und Mieterinitiativen, um nach Auswegen zu suchen. In den Gründungsjahren der Technischen Universität Hamburg-Harburg, Bereich Städtebau, waren aktuelle stadtentwicklungspolitische Themen Gegenstand von fachöffentlichen Erörterungen. Schließlich war mit dem Modellvorhaben "Schröder-Stift" schon Anfang der 80er Jahre dokumentiert worden, daß Selbsthilfe von BewohnerInnen einen wichtigen Beitrag zum Erhalt eines abrißbedrohten Ensembles leisten konnte und daß Selbstverwaltung in einem solchen Projekt funktionierte.

Für das Haushaltsjahr 1984 wurde von Bürgerschaftsabgeordneten der Hamburger SPD ein Haushaltstitel initiiert, der die Grundlage für das Verfahren "Alternativer Baubetreuer" (ABB) wurde. Diese Drucksache wird sicher in anderen Zusammenhängen dieser Veröffentlichung noch gesondert gewürdigt. Jedenfalls war damit zunächst die materielle Grundlage für den möglichen Erhalt von damals umstrittenen Gebäuden geschaffen, weil hier die Stichworte aufgegriffen worden waren, die damals in der Diskussion waren: Mit den bereitgestellten vier Millionen DM sollten Objekte mit hohen Instandsetzungsdefiziten unter Einbeziehung von Selbsthilfe sowie von Maßnahmen des Zweiter Arbeits- und Ausbildungsmarktes erhalten werden, und den BewohnerInnen sollte Selbstverwaltung gewährt werden. Zwischen Verwaltung und Selbsthilfegruppen sollte ein neuer Träger vermittelnd an der Umsetzung der Maßnahmen beteiligt werden[9].

Die Konkretisierung dieses bürgerschaftlichen Auftrages durch die Verwaltung erfolgte durch das Konzept des Amtes für Stadterneuerung vom 27.06.84 mit dem Titel: "Konzept für die Durchführung von Wohnprojekten, die zum Erhalt von billigem Wohnraum in Selbsthilfe mit und ohne Alternativen Baubetreuer (ABB) durchgeführt werden". Dieses Konzept bildete die erste behördliche Festlegung für die Bereitstellung öffentlicher Mittel zum Zwecke alternativer Sanierung.

Anfangs wurde das sogenannte Programm "Alternativer Baubetreuer" jedoch kaum im Sinne seiner politischen Erfinder umgesetzt. Zunächst wurden andere als die am heftigsten umstrittenen Projekte in Angriff genommen, dann gingen die Mittel zur Durchführung der Projekte auch nicht an die vorrangig vorgesehenen Träger, sondern flossen über die städtische Wohnungsbaugesellschaft SAGA in deren Objekte. Währenddessen hielt die öffentliche Unruhe an.

Ende 1984 war mit Stattbau Hamburg eine Einrichtung gegründet worden, die mit dem Anspruch eines intermediären Agierens angetreten war, um die damals recht festgefahrene Situation zu entzerren. Daneben war eine Gründung aus den Reihen der Patriotischen Gesellschaft Hamburg, die "Stiftung Freiraum e.V." ins Leben gerufen worden. Die Stiftung setzte eines der damals anstehenden Projekte um und begründete gleichzeitig das Engagement der Patriotischen Gesellschaft für Auseinandersetzungen um andere, sog. "alternative" Wohnformen in Hamburg und deren Berechtigung.

Erst 1987 und mit der Bürgerschaftsdrucksache "Stadterneuerung und Soziale Arbeit" wurde das Instrumentarium ergänzt, mit dem die Umsetzung alternativer Sanierung in Hamburg auf zwei Beine gestellt wurde. Das erste "Bein" war der erwähnte Haushaltstitel, in dem über das ABB-Verfahren Mittel für die Instandsetzung von stark angegriffener Bausubstanz zur Verfügung gestellt wurden. Damit war eine notwendige Grundlage für Investitionen in umstrittene Häuser geliefert - die finanziellen Mittel, um diese Häuser in Selbsthilfe zu erhalten.

Das zweite "Bein" war die Grundfinanzierung von Trägern, die dieses Programm umsetzen sollten. Diese erfolgte mit der Bürgerschaftsdrucksache "Stadterneuerung und Soziale Arbeit". In dieser Drucksache, die von Baubehörde und Sozialbehörde gleichzeitig vorgelegt wurde, wurden die sozialpolitischen Ziele formuliert, die mit diesem Programm und der Förderung von Trägern erfüllt werden sollten. Aus "alternativer Baubetreuung" konnte sich somit "alternative Sanierung" entwickeln.

Mit der neuen Drucksache ging es vorrangig um synergetische Effekte der Intervention in den Sanierungsbereich: vordergründig um die Verkoppelung von Stadterneuerungsmitteln mit Mitteln der Ausbildungs- und Arbeitsförderung sowie mit solchen zur Gründung von Existenzen etc.

Hintergründig ging es um Alternativen zu einem sich isoliert maßnahme- oder ressortbezogen definierenden Interventionsansatz. Es sollte über die Investition in marode Bausubstanz eben nicht nur einfachhin Wohnraum erhalten werden, sondern gleichrangiges Ziel war, befriedigendere Arbeitszusammenhänge (für junge Menschen) zu schaffen, sinnvolle Berufsbildungsperspektiven zu eröffnen, soziale und soziokulturelle Aktivitäten zu stärken - bis hin zur damals in Mode stehenden "alternativen Existenzgründung". Das Konzept "alternativer Sanierung" kann damit durchaus als ein Vorläufer des heute proklamierten Konzepts einer sogenannten "sozialen Großstadtstrategie" angesehen werden.

Bei diesem inhaltlichen Ansatz griff man auf Berliner Modelle zurück. Alle Personen in Hamburg, die an der Lösung dieser anstehenden Aufgaben aktiv beteiligt waren, fuhren (öfters) nach Berlin, um sich dort anzuschauen, wie die Deeskalierungsstrategien in Zusammenhang mit der Lösung der Hausbesetzerfrage funktionierten, welche Verfahren angewandt und welche Instrumente zu ihrer Umsetzung ins Leben gerufen worden waren. Wenn etwas nicht in Berlin zu erledigen war, wurden Protagonisten aus Berlin nach Hamburg eingeladen: ehemalige Hausbesetzer, Geschäftsführer dortiger Sanierungsträger, Angehörige der zentralen und bezirklichen Verwaltung und

Stadträte aus den betroffenen Bezirken. Alle mußten berichten.

Hamburg profitierte von diesem Austausch ganz beträchtlich und verfuhr dabei getreu dem hanseatischen Kaufmannsmotto: Nehmen ist seliger denn Geben. Ungeniert und nicht zum Nachteil für die Sache wurden ganze Passagen aus Berliner Verträgen und Satzungen in entsprechende Hamburger Drucksachen übernommen. Das gilt im übrigen auch für die Diskussionen und die Konzeption der Stattbau Hamburg, die ihren Namen aus Berlin entlehnt hat.

Konkretes und unmittelbares Ergebnis der Drucksache "Stadterneuerung und Soziale Arbeit" war zunächst die Förderung einer Grundausstattung für die Johann Daniel Lawaetz-Stiftung und die Stattbau Hamburg GmbH und ihre Anbindung an die Freie und Hansestadt Hamburg mittels eines "Sanierungsvertrages". Damit war erst die Umsetzung der alternativen Sanierung möglich geworden, das kann man heute in der Rückschau zweifelsfrei sagen. Denn ohne den Rückhalt einer finanziellen Grundförderung wäre es keiner Institution in Hamburg möglich gewesen, in diesem Sektor erfolgreich zu arbeiten.

Mit der Förderung einer Einrichtung, die über ihre Gremien recht nah an die Hamburger Verwaltung angebunden ist, und einer Einrichtung, die schon von ihrer Gesellschafterkonstruktion[10] eher dem Kreis "freier Träger" zuzurechnen ist, hat die Hamburger Politik Ansprechpartner für durchaus divergierende gesellschaftliche Gruppierungen in Hamburg gefördert.

Effekte:
Neue Standards in der Stadterneuerung

Die Alternativen Sanierungsträger haben, auch nachdem sie etabliert waren und gefördert wurden, alles andere als eine beschauliche Gründungsphase in Hamburg gehabt. An vielen sanierungspolitischen Konflikten waren die Lawaetz-Stiftung oder Stattbau als intermediäre Einrichtungen beteiligt[11]: z.B. Hamburger Hafenstraße, die Jägerpassage, die Häuser am Pinnasberg oder die Hinterhäuser in der Schanzenstraße. Manche Projekte haben sie einzeln oder gemeinsam innerhalb und außerhalb des Verfahrens alternativer Sanierung in Hamburg durchgeführt.

Im Laufe der Umsetzung des Programmes wurden dabei Standards entwickelt, die es in dieser Weise in der klassischen Stadterneuerung in Hamburg bislang nicht gegeben hatte.

...behutsame Regelung gesellschaftlicher Konflikte

Eine der ursprünglichen Aufgaben alternativer Sanierung bestand in der Entwicklung von Verfahren zur Deeskalation gesellschaftlich zugespitzter Situationen. Die Vermittlungsaufgaben um einzelne umstrittene Häuser verlangten ein Agieren der Träger zwischen allen Beteiligten, ohne daß sie über eigene Sanktionsmöglichkeiten verfügten.

Die Verwaltung machte die Bewilligung von Mitteln für die Umsetzung der Baumaßnahmen abhängig von der Zustimmung aller Beteiligten. Diese zu erhalten war in der Regel schwieriger als die Lösung von komplizierten Bauproblemen. Die Alternativen Sanierungsträger hatten zwischen Eigentümern, Besetzern, lokaler und zentraler Politikebene sowie zwischen verschiedenen Verwaltungen nach Lösungen im Konsens zu suchen.

Die Projektbeschreibungen in dieser Veröffentlichung weisen darauf hin: In vielen Projekten war die reine Bauzeit entschieden kürzer als die Zeit, die benötigt wurde, um ein Vorhaben zur Baureife zu entwickeln. In langen Phasen kontroverser Auseinandersetzungen waren gute Nerven gefragt - auf allen Seiten. Vor allem ging es auch um die Beseitigung politischer Vorbehalte: Mit der Förderung von Wohnprojekten würde man sich die Anarchie in die Stadtteile holen. Das war ein kaum ausrottbares Vorurteil.

Hinzu kam, daß die Objekte, die später ins Programm kamen, immer baufälliger wurden. Bei der Frage eines möglichen Erhalts ging es also auch um fachliche Anforderungen über das Förderprogramm "alternativer Baubetreuung" hinaus. Finanzierungskonzepte mußten erstellt werden, um ggf. Kosten abzudecken, die im Rahmen von alternativer Sanierung nicht förderfähig waren. Und das Förderprogramm mußte weiterentwickelt werden.

Die baulichen Ergebnisse des Programmes können sich sehen lassen - manchmal Fassaden von Häusern, die schon von außen erkennen lassen, daß es darin anders zugeht als in normalen Mehrfamilienhäusern. Nicht selten sind aus den umstrittenen Hausprojekten von damals Orte in den Stadtteilen geworden, die integrierenden und stabilisierenden Charakter haben.

.... nutzerInnenorientiertes Planen

Mit dem Konzept alternativer Sanierung verbunden ist die Entwicklung von Verfahren nutzerInnenorientierten Planens. Von Anfang an standen und stehen die zukünftigen NutzerInnen im Mittelpunkt der Entscheidungen bei der Umsetzung von Projekten. Das Verfahren alternativer

Sanierung, das im Laufe der letzten zehn Jahre ständig weiterentwickelt wurde, setzte zwar allgemeine Rahmenbedingungen bezogen auf Wohnflächenverbrauch pro Person und förderungsfähige Standards. Bezogen auf die jeweiligen Bedingungen einzelner Projekte wurden jedoch immer angepaßte Antworten auf jeweils unterschiedlich vorgefundene Situationen gegeben. Diese Flexibilität innerhalb eines formulierten und auch durchgehaltenen Rahmens war und ist eine der Stärken des Verfahrens alternativer Sanierung.

Die Rollen von Alternativen Sanierungsträgern und ArchitektInnen sind dabei durchaus verschieden. Die Alternativen Sanierungsträger haben in der reinen Planungs- und Bauphase vor allem die Regeln des Verfahrens zu vermitteln und zu überwachen sowie als Treuhänder öffentlicher Mittel deren sachgerechte Verwendung sicherzustellen. Das ist vielleicht nicht die spannendste Aufgabe innerhalb alternativer Sanierung, aber eine notwendige.

Die Wohngruppen können bei der alternativen Sanierung "ArchitektInnen ihres Vertrauens" auswählen. Mit diesen zusammen werden sog. Nutzungskonzepte ausgearbeitet und in weiteren Schritten gemeinsamer Diskussion bis hin auf die Ebene von detaillierten Bauantragsplänen konkretisiert. Das heißt: Bauliche, technische und Grundrißlösungen werden mit den zukünftigen NutzerInnen abgestimmt. Eingereicht werden nur solche Unterlagen, die zwischen allen Beteiligten unstrittig sind.

Diese Aufgabe ist für ArchitektInnen nicht einfach. Denn die Mitglieder von Wohngruppen sind einerseits Laien in Baufragen, agieren andererseits aber als Bauherrren. Beide Rollen spielen sie i.d.R. ungemein selbstbewußt. Das macht nutzerInnenorientiertes Planen anstrengend.

Die Konkretisierung von allgemeinen und zunächst theoretisch formulierten Gruppenkonsensen auf die Ebene von ganz konkreten Grundrißlösungen sind dabei wichtige Etappen in der Konstituierung von Wohngruppen. Nicht nur, daß dabei die Fähigkeit gefordert wird, sich festzulegen und zu vereinheitlichen. Oft genug werden noch Änderungen entschieden, wenn schon gebaut wird. Dies erfordert ArchitektInnen, die bereit sind, sich Diskussionen zu stellen, und Gruppen, die kompromißfähig sind.

Betrachtet man die Ergebnisse, kann man eine Vielzahl unterschiedlicher Konzepte kennenlernen, wie die Wohngruppen "ihre" Häuser gestaltet und so ihre jeweils eigene soziale Form des Zusammenlebens baulich umgesetzt haben. Die spannende Frage lautete dabei immer: In welcher

Nähe und/oder in welcher Distanz zu meinen Projektmitgliedern möchte ich leben? Architekten und Betreuer konnten hier lediglich Hilfestellungen geben und auf Wohnerfahrungen von anderen Gruppen hinweisen. Entschieden haben in der Frage der Wohnkonzeption aber letztendlich die Gruppenmitglieder selbst. Auf diese Weise sind in Hamburg an vielen Orten von BewohnerInnen mitentwickelte Projekte entstanden und Erfahrungen mit nutzerInnenorientierter Planung gemacht worden[12]. Planungsbüros - und hier überwiegend jüngere KollegInnen aus dem Architekturbereich - haben gezeigt, daß es möglich ist, aus der Nähe heraus partnerschaftlich mit zukünftigen NutzerInnen zu planen. Dies ist ein Ansatz, der heute in Hamburg auch auf den Neubaubereich übertragen wird.

.... Wohnen für neue Haushaltstypen

Die Gesellschaft ist im Wandel. Neben der Familie entwickeln sich andere Lebensformen, in denen Menschen zusammenwohnen. Vor allem bei jungen Menschen zeigen sich Änderungen in den Lebensstilen. Großstädte wie Hamburg - und dort vor allem innerstädtische Altbauviertel - zeichnen sich durch ein recht hohes Maß an, je wie man will, Indifferenz oder Toleranz gegenüber von der Allgemeinheit differierenden Lebensformen aus.

Neue Wohnformen werden ja nicht nur von jungen Menschen angestrebt und experimentell erprobt. Auch andere sind auf der Suche nach Alternativen zu isoliertem Wohnen[13]. Brinkmann bemerkt dazu:

"Das Thema 'neue Wohnformen' betrifft aufgrund veränderter Haushaltsformen und Lebensstile sehr viel mehr Menschen als nur jene Gruppen, die sich mit dem expliziten Ziel der Wohngruppenbildung konstituieren. Ist doch die Suche nach neuen Wohnformen, nach selbstgewählter Nachbarschaft Reflex breiter sozialer und kultureller Veränderungen in Familie, Haushalt und Wertorientierungen der Individuen."[14]

Im Programm alternativer Sanierung sind jedoch überwiegend junge Menschen in Nutzergruppen gelandet. Das liegt nicht nur daran, daß diese sich eher in den angesprochenen sanierungspolitischen Konflikten engagierten und durchsetzen konnten, sondern auch daran, daß das Programm selbst mit seiner Anforderung baulicher Selbsthilfeleistung und dem Angebot an Selbstverwaltung im Wohnbereich eher auf die Interessen junger und experimentierfreudiger Menschen zugeschnitten ist.

Das ABB-Programm selbst läßt Wohnexperimente zu: Sein Fördersystem ist grundsätzlich nicht an die Förderung von Familienwohnen gekoppelt, wie dies im sonstigen geförderten Wohnungsbau der Fall ist. Andere Formen des Zusammenlebens sind in Projekten alternativer Sanierung unproblematisch möglich.

Das innovative Moment alternativer Sanierung liegt im Bereich der Öffnung staatlicher Förderung für Wohngemeinschaftswohnen. Dies wird dadurch erreicht, daß dreißig Quadratmeter Wohnfläche pro Person gefördert werden. Das bedeutet ausreichend Platz für mehrere Erwachsene, die als Wohngemeinschaft zusammenleben wollen. Das Förderungssystem des sozialen Wohnungsbaus ist da anders konzipiert. Bei Mehrpersonenhaushalten stehen pro Person gegenüber dem Einpersonenhaushalt als förderfähige Wohnfläche zuzüglich zur Ein-Personen-Grundfläche lediglich zehn Quadratmeter zur Verfügung. Das führt dann leicht zum Acht-Quadratmeter-Kinderzimmer.

Die Projekte alternativer Sanierung unterscheiden sich von daher zunächst einmal von ihrer Wohnkonzeption vom üblichen Wohnen im Mehrfamilienwohnungsbau. Aber sie unterscheiden sich auch voneinander. Man kann ohne Übertreibung sagen: Jedes Projekt versucht, seinen eigenen Ansatz zu definieren und umzusetzen.

Es gibt solche, in denen mehr individuelles Wohnen in lockerem Verbund praktiziert wird, bis hin zu anderen, in denen Wohngruppen von zwanzig Personen und mehr einen großen Wohngemeinschaftsanspruch umsetzen. Dazwischen - und dies betrifft eher die größeren Projekte - wird und wurde vielfach darauf geachtet, daß verschieden große Wohnzusammenhänge geschaffen werden: Einzel- oder paarweises Wohnen soll ebenso möglich sein wie das Leben in größeren Wohngemeinschaften. Bei den Planungen von großen Wohngemeinschaftswohnungen wurde und wird allerdings darauf geachtet, daß die großen Wohnungen auf kleinere Einheiten rückgebaut werden können.

Das Förderprogramm Alternativer Baubetreuer ist daher richtungsweisend, weil es offen ist für neue Haushaltstypen und somit innovative Wohnformen und Wohnexperimente möglich macht.

.... neue Nutzungen

Wohnen in Wohnprojekten, das ist vor allem der Anspruch auf Wohnen in selbstgewählten engen Nachbarschaftsbeziehungen. Das Fördersystem trägt dem Gemeinschaftsgedanken daher auch ausdrücklich Rechnung. Die Förderung von Gemeinschaftsräumen ist möglich. Bezogen auf die anerkannte Wohnfläche sind maximal plus zehn Prozent als Gemeinschaftsfläche förderfähig. Durch diese Regelung wird die Bereitstellung von Flächen zur gemeinschaftlichen Nutzung erst möglich.

In nahezu allen Projekten alternativer Sanierung sind Gemeinschaftsflächen entstanden. Bisweilen wurden sie auch zu

Räumen ausgestaltet, die halböffentlichen Charakter haben. Das heißt, sie dienen teilweise auch als Stadtteilcafés, als Veranstaltungsräume für besondere Anlässe, als Gruppenräume oder Ausgabe- bzw. Verteilerstellen von food-coops. Die auf die Gemeinschaftsräume entfallenden Mietanteile werden auf alle umgelegt. Die Mietbelastungen bleiben auch dann noch in erträglichen Grenzen.

Auch mit dieser Förderung von Gemeinschaftsflächen wurden Grenzen bestehender Fördersysteme überschritten. <u>Denn erstmalig werden im Programm alternativer Sanierung gut nutzbare Gemeinschaftsräume auch für kleinere Wohnzusammenhänge möglich.</u>

Von jungen Menschen wurde darüber hinaus auch die Förderung von gewerblich zu nutzenden Räumen gefordert. Damit sollten wohnortnah Beschäftigungsmöglichkeiten vor allem für Wohnprojektmitglieder geschaffen werden können. Seit Ende 1989 ist dies möglich geworden. Unrentierliche Kosten können durch Zuschüsse aus dem Programm finanziert werden, soweit gewerbliche Nutzungen konzeptionell an die Wohnnutzung geknüpft sind[15].

.... Selbsthilfe, Selbstverwaltung und neue Trägerformen

Das Programm alternativer Sanierung funktioniert als Zuschußprogramm. Gefördert werden fünfundachtzig Prozent der anerkannten Kosten unter der Bedingung, daß fünfzehn Prozent als bauliche Selbsthilfe in die Objekte einfließen. Das Prinzip: Die "Muskelhypothek" fungiert als Ticket für die Zuwendung und die spätere Selbstverwaltung.

Mit der Selbsthilfe wird zunächst ein doppelter Effekt erzielt. Dadurch, daß man/frau selbst an der Wiederherstellung des "eigenen" Hauses und der "eigenen" Wohnung beteiligt wird, entwickelt sich eine stärkere Identifikation mit dem Gebäude. Wie sehr sich das Verhalten von BewohnerInnen in den Projekten verändert, das hat schon mancheN BesucherIn erstaunt. Selbsthilfe ist aber auch ein Mittel der Kosteneinsparung. Immerhin sind in Hamburg - Stand 8/93 - durch die Bewohnerselbsthilfe rund 7,4 Millionen DM in die Objekte alternativer Sanierung eingeflossen. Beides sind erwünschte und wichtige Wirkungen alternativer Sanierung.

Bedeutsamer jedoch sind andere Effekte: solche beispielsweise, in denen sich aus der Realisierung von Bauprojekten nicht nur eine nachhaltige Stabilisierung der Wohnsituation, sondern auch andere Berufsperspektiven entwickelt haben. In dem einen oder anderen Projekt haben BewohnerInnen Arbeit bei eingesetzten Firmen gefunden, Berufsausbildungen im Baugewerbe begründet oder sich selbständig gemacht.

Die Selbstverwaltung des eigenen Wohnzusammenhanges ist vielleicht die für die NutzerInnen interessanteste Seite des Programmes alternativer Sanierung. Jedenfalls ein Teil davon. Das ist derjenige, der sich auf die Rechte der Selbstverwaltung bezieht. Die Einflußnahme auf das unmittelbare Wohnumfeld, auf die direkte Nachbarschaft ist neben der Sicherheit, auf absehbare Dauer verträgliche Mieten zu haben, Hauptgrund dafür, daß sich junge Menschen zusammengeschlossen haben, um Wohnprojekte zu realisieren.

Denn aus dem Zusammenleben von Gleichgesinnten wird ein lebendiger Lebenszusammenhang mit gegenseitigen Anregungen und Hilfestellungen erwartet. Auch dürfte es bei den überwiegend jüngeren Menschen darum gehen, ihren Lebensstil, der im Alltag im Zusammenwohnen mit anderen Haushaltsformen vielleicht nicht unumstritten zu praktizieren ist, im eigenbestimmten Wohnzusammenhang besser verwirklichen zu können. Vereinfacht formuliert: ähnliche Lebenslage, ähnlicher Alltag, ähnliche Ansichten und ähnliche Vorstellungen von dem, was gut ist - das verbindet.

Doch Selbstverwaltung benötigt eigene Trägerstrukturen: Die in Hamburg existierenden Träger konnten oder wollten sich nicht mit der Aufgabe der Verwaltung von Wohngruppenprojekten befassen. Auffällig dabei, daß im Kontext mit der Umsetzung von Projekten alternativer Sanierung in Hamburg neue Trägerstrukturen entstanden sind.

Da ist zunächst einmal die Lawaetz GmbH, die eine Tochter der Lawaetz-Stiftung ist, als neuer Träger für Wohngruppenwohnen. In der Lawaetz GmbH werden derzeit überwiegend im ABB-Verfahren instandgesetzte Objekte verwaltet. Diese Objekte befinden sich weiterhin in städtischem Besitz. Der Lawaetz GmbH entspricht als Pendant die "Schanze e.G." als genossenschaftlich organisierter Träger von einigen Wohnprojekten, die aus privatem Bestand im Rahmen des ABB-Verfahrens realisiert wurden[16]. Die Schanze wurde unter Beteiligung von Stattbau gegründet und wird von dort aus gefördert und praktisch unterstützt. Beide Trägerorganisationen wurden als wohnprojekteübergeordnete Strukturen gegründet.

Daneben sind in Hamburg zwei Wohnungsbaugenossenschaften mit dem Ziel entstanden, für ihr Wohnprojekt eine eigene Trägerstruktur zu schaffen: 1987 die "Drachenbau St. Georg Wohnungsbaugenossenschaft e.G." und 1993 die "Wohnungsbaugenossenschaft Marktstraße i.Gr.". Darüber hinaus waren Alternative Sanierungsträger, und hier vor allem Stattbau, auch an der Gründung von anderen neuen Wohnungsgenossenschaften beteiligt: Im Altbau waren dies die "Wohnungsbaugenossenschaft Königskinder e.G.", die "Mietergenossenschaft Falkenriedterrassen" sowie die "Mietergenossenschaft Farmsen e.G." [17].

Selbstverwaltung in der Praxis, das bedeutet dort, wo die Nutzer nicht in eigenen Wohngenossenschaften organisiert sind, den Zusammenschluß der BewohnerInnen zu einem Nutzerverein und den Abschluß eines Generalmietvertrages mit dem Eigentümer. Die Bewohnervereine vergeben dann Untermietverträge an die NutzerInnen in ihren Projekten.

Mit diesen vertraglichen Konstruktionen wurde und wird in Hamburg auf der Basis von alternativen Sanierungsprojekten nunmehr seit Jahren erfolgreich Bewohnerselbstverwaltung praktiziert. Das Spannende daran sind die neuen Rollen von Mieter und Vermieter: Die Bewohner haben über die Konstruktion des Bewohnervereins deutlich mehr Rechte als im üblichen Mehrfamilienwohnungsbau - sie haben aber auch erheblich mehr Pflichten. Ganz offensichtlich, daß dies in der Praxis funktioniert.

Mit der 1984 beschlossenen Förderung von Mieterselbsthilfe und Mieterselbstverwaltung sind in Hamburg aus dem Verfahren alternativer Sanierung heraus neue Formen des Verhältnisses von Mietern und Eigentümern entstanden und alte Formen genossenschaftlicher Organisation wiederbelebt worden. Es hat nicht den Anschein, als wäre diese Entwicklung schon zu Ende.

Ein Interventionsmodell für morgen?

Die gesellschaftlichen Aufgabenstellungen an eine sozial orientierte Stadtentwicklungspolitik dieses Jahrzehnts sind andere als die des letzten. Die Kontroversen um die Entwicklung der inneren Stadt in Hamburg haben in den letzten Jahren nicht abgenommen, die sozialen Verhältnisse dort haben sich nicht verbessert. Im Gegenteil: Heute gilt ein Großteil der innenstadtnahen Viertel als sogenannte soziale Brennpunkte. Sie driften sozial ab.

Die klassischen Aufgabenstellungen und die Anforderungen an den Haushaltstitel "alternativer Baubetreuer" bleiben bestehen. Immer noch werden Hausprojekte erschlossen und gelangen in die Abstimmungsrunden alternativer Sanierung, um sie mit Hilfe des ABB-Konzeptes zu erhalten. Es gibt auch derzeit mehr Projekte in der Warteschlange als in den öffentlichen Kassen Geld zu ihrer Umsetzung. Die Funktion des ABB-Programmes als relativ unkonventionelles Kriseninterventionsinstrument droht verlorenzugehen.

Neue Aufgaben sind für die Alternativen Sanierungsträger hinzugekommen. Strategien wohnungs- und sozialpolitischer Intervention, wie sie durch das Konzept alternativer Sanierung möglich wurden, bleiben weiter gefragt. Kompetenzen in der partnerschaftlichen Moderation und Konfliktlösung sowie fachliche Hilfestellung, die bauliche und soziale Anliegen miteinander verknüpfen, werden vielleicht mehr benötigt als zuvor.

Die Alternativen Sanierungsträger haben sich schon auf neue Aufgaben eingestellt: Die Versorgung von wohnungslosen Menschen mit Wohnraum entwickelt sich zusehends zu einem weiteren Schwerpunkt ihrer Arbeit. Ähnliches gilt für die Stärkung sozialer und soziokultureller Angebote in den unterversorgten Stadtteilen: Lawaetz und Stattbau widmen sich dem Bau von Wohnungen für vormals obdachlose Familien und Einzelpersonen. Stattbau beschäftigt sich zusätzlich mit dem Umbau von Einrichtungen des Gemeinbedarfs, Stadtteileinrichtungen und sozio-kulturellen Zentren.
Schließlich entstehen neben den ABB-Projekten solche, die Wohngruppenwohnen auch im Neubau realisieren wollen. Hier kann auf Erfahrungen zurückgegriffen werden, die bei der Altbausanierung entwickelt wurden. Dennoch sind dabei andere Aufgaben zu lösen und andere Förderungsverfahren anzuwenden.

Die Anfragen an die Sanierungsträger zeigen es: Auch in Zeiten von Engpässen bei öffentlichen Haushalten kann die gesellschaftliche Antwort auf die aktuelle Wohnungsnot nicht darin bestehen, nur noch auf Quantität zu setzen. Gesellschaftlich werden weiterhin Lösungen benötigt, die Antworten auf Bedürfnisse von heute liefern. Das Verfahren alternativer Sanierung und die dabei entwickelten Ergebnisse sind eine solche Antwort.

Anmerkungen:

[1] Vgl. dazu z.B. Heuer, H., Schäfer, R., Stadtflucht, Instrumente zur Erhaltung der städtischen Wohnfunktion und zur Steuerung von Stadt-Umland-Wanderungen, Stuttgart, Berlin, Köln, Mainz 1978 und bezogen auf die Diskussion der Hamburger Verhältnisse vgl. aus zeitgeschichtlicher Sicht: Haak, A., Zirwes, M., Hamburg, in: Friedrichs, J., Hg., Stadtentwicklungen in kapitalistischen und sozialistischen Ländern, Reinbek bei Hamburg, 1978, 84-139, Bialas, R., 'Stadtflucht'? Bevölkerungsbewegungen im Raum Hamburg, in: Staatliche Pressestelle Hamburg, Berichte und Dokumente aus der Freien und Hansestadt Hamburg Nr. 535, Hamburg 1978 sowie Lohmann, H., Cityferne Gebiete als Wanderungsziel, in: Hamburg in Zahlen 1977, 229-230

[2] Mit Billwerder Allermöhe sollte in den frühen 70er Jahren quasi eine ganze Hamburger Vorstadt mit hochwertigem Wohnungsangebot und exklusivem

Wohnumfeld am Wasser errichtet werden, um die umworbenen Mittelschichten in Hamburg zu halten.

3 Vgl. dazu z.B. Prognos AG, Stadtentwicklung und Regionalplanung, Pressekonferenz der Prognos AG vom 04.08.75 in Hamburg, 2. Zwischenbericht, Hamburg 1975, Vervielfältigung

4 Es sei hier ein Blick in die Broschüren aus der zweiten Hälfte der 70er Jahre, die anläßlich der Sanierungsverfahren erstellt wurden, mit den dort vorgestellten Plänen empfohlen.

5 Vgl. dazu Bremer, D., Die räumlich-soziale Bedeutung von städtischen Umstrukturierungsprozessen am Beispiel von Altona Altstadt - St.Pauli-Süd, Hamburg 1987

6 Vgl. dazu GEWOS e.V., Citynahes Wohnen, in GEWOS, Schriftenreihe Neue Folge 17, Hamburg 1975

7 Vgl. dazu Bahte, G., Eplinius, I., Michelis, P., Pohlandt, E., Wernecke, M., Stadterneuerung in Hamburg, Hamburg o.J. (1983/84), 12-13

8 In dem Areal um die Alsterschwimmhalle sollte der gesamte gründerzeitliche Bestand abgerissen werden und unter Federführung einer Neue-Heimat-Tochter ein bürgerliches Wohnviertel entstehen.

9 Vgl. Bürgerschaftsdrucksache: Antrag 11/1732 vom 16. 12. 83, Instandsetzungsprogramm für Altbauten zur Sicherung preiswerten Wohnungsbestandes

10 Die Stattbau Hamburg GmbH hat drei Gesellschafter: Die Autonomen Jugendwerkstätten Hamburg e.V., Mieter helfen Mietern, Hamburger Mieterverein e.V. und Netzwerk Selbsthilfe Hamburg e.V. Die Autonomen Jugendwerkstätten Hamburg e.V. sind eine Einrichtung, in der junge Menschen, die auf dem gewerblichen Ausbildungsmarkt keine Chance haben, einen anerkannten Beruf erlernen können. Mieter helfen Mietern, Hamburger Mieterverein e.V. ist ein Hamburger Mieterverein, der - über die reine juristische Beratung und Interessenvertretung seiner Mitglieder hinaus - einen wohnungspolitischen Handlungsansatz verfolgt. Netzwerk Selbsthilfe Hamburg e.V. ist ein Förderverein für selbstverwaltete Betriebe, der Beratung sowie in begrenztem Umfang auch Geldmittel anbietet.

11 Vgl. dazu auch Osório, M., Intermediäre Organisationen, Neue Trägerformen zur Vermittlung zwischen Selbsthilfegruppen und Staat im Bereich Stadterneuerung, Dissertation, Hamburg 1990.

12 Vgl. dazu auch: Reinig, J., Planerkollektiv, Wohnprojekte in Hamburg von 1980 bis 1989, Darmstadt 1989

13 Vgl. dazu z.B. Bura, J., Kayser, B., Miteinander wohnen - Wohnprojekte für jung und alt, Darmstadt 1992

14 Brinkmann H., Kommunale Wohnungspolitik und Wohnprojekte im Alt- und Neubau, in: Schubert, D., Sozial Wohnen, Darmstadt 1991, 218

15 Vgl. Bürgerschaftsdrucksache 13/5151 vom 12.12.1989

16 Vgl. dazu die Beiträge zu diesen Trägern in dieser Veröffentlichung

17 Darüber hinaus gibt es eine Reihe von neuen Wohnungsgenossenschaften, die derzeit in Hamburg gemeinschaftsorientierte Projekte im Wohnungsneubau realisieren oder realisieren wollen: Die "Bau- und Wohnungsgenossenschaft Wolfgang Borchert-Siedlung e.G.", die schon 1985 gegründet wurde, die Wohnungsbaugenossenschaften "Ottenser Dreieck e.G." und "HausArbeit e.G." mit Projekten in der Bauphase, sowie die in Gründung befindlichen Vorgenossenschaften "Bau- und Wohngenossenschaft Brachvogel i.Gr.", die "Wohnungsbaugenossenschaft Wendebecken i.Gr"., die "Bau- und Wohnungsbaugenossenschaft Osterkirchenviertel i.Gr." sowie die "Genossenschaft St. Pauli-Hafenstraße i.Gr." mit Projekten, die in unterschiedlichen Stadien der Planungsphase sind.

Karin Schmalriede, Lawaetz-Stiftung
Die Johann Daniel Lawaetz-Stiftung

Arbeit an Alternativen zu Abriß und Arbeitslosigkeit

Mitte der 80er Jahre hatten sich, als Folge anhaltender und steigender Arbeitslosigkeit, Initiativen gegründet, die Ausbildungs- und Arbeitsplätze für besonders benachteiligte Menschen, vor allem Jugendliche, schaffen wollten. Es wurde die Gründung von Betrieben, die sich nach einer Anschubfinanzierung ohne öffentliche Hilfe tragen sollten, diskutiert. Durch Netzwerk Selbsthilfe e.V. wurde die Unterstützung selbstverwalteter Betriebe gefordert, um bestehende wirtschaftliche Benachteiligungen für Kollektive auszugleichen[1,2]. Parallel dazu machte sich ein wachsender Unmut über leerstehende Häuser und fehlende preiswerte Wohnungen breit. Es kam zu Hausbesetzungen. In den Wohnungsgesellschaften wurde über den Abriß der oberen Geschosse in Großsiedlungen nachgedacht. Zu dieser Zeit war Hamburg eine schrumpfende Stadt.

"Die einzige Bevölkerungsgruppe, bei der die Großstädte zwischen 1978 und 1984 noch eine Zunahme zu verzeichnen hatten, waren die 18-25jährigen; dabei handelt es sich wohl überwiegend um 'Ausbildungswanderer', denn dies ist auch die einzige Bevölkerungsgruppe, bei der das Umland der Städte Verluste aufweist."[3]

Nicht zuletzt aufgrund dieser Wanderungsbewegungen erreichte die Jugendarbeitslosigkeit in Hamburg Mitte der 80er Jahre einen traurigen Rekord.

Dies alles vollzog sich in einer Zeit des dramatischen Strukturwandels der Wirtschaft in den Großstädten. Einem starken Arbeitsplatzabbau im sekundären Sektor, insbesondere im verarbeitenden Gewerbe, stand nur ein unterdurchschnittliches Wachstum im tertiären, also im Dienstleistungsbereich gegenüber. In Hamburg und in anderen Großstädten kam es sogar im tertiären Sektor zu rückläufigen Beschäftigtenzahlen.

Die Lawaetz-Stiftung wurde von der Freien und Hansestadt Hamburg im Jahre 1986[4] vor diesem Hintergrund steigender Jugendarbeitslosigkeit und dem Leerstand von Wohnraum gegründet. Durch neue Ansätze einer sozialen Arbeit durch Einbeziehung von Selbsthilfe soll - gezielt in Projekten - für benachteiligte Personengruppen Wohnraum und Arbeit geschaffen werden. Die Stiftung erhielt ihren Namen in Anlehnung an den Altonaer "Industriellen" Johann Daniel Lawaetz. Johann Daniel Lawaetz[5] hatte bereits im 18. Jahrhundert die Auffassung vertreten, daß eine wirkungsvolle und dauerhafte Linderung der Armut am ehesten durch die Schaffung von Arbeitsplätzen gelingen kann.[6]

Entsprechend entwickelt und fördert die Stiftung solche Projekte, die für sozial benachteiligte Personen Wohn-, Arbeits- und Ausbildungsmöglichkeiten schaffen. Um die gesteckten Ziele zu erreichen, engagiert sich die Lawaetz-Stiftung vorrangig als

- *"alternative Sanierungsträgerin" der Freien und Hansestadt Hamburg beim Erhalt preiswerten Wohnraums*[7]

- *Beratungsstelle für kollektive Existenzgründer, für Beschäftigungsträger und "örtliche Beschäftigungsinitiativen"*[8]

Während zum Gründungszeitpunkt noch über Vermietungsschwierigkeiten von Wohnungen in Großsiedlungen geklagt wurde, ist 1994 die Wohnungsnot ein alle gesellschaftlichen Bereiche bestimmendes Problem geworden. Unter solchen Umständen wird der Wunsch nach "alternativen Wohnformen" zum Luxuswunsch. Eine politische Diskussion über dieses Thema ist kaum noch zu führen, weil Wohnungswünsche erst einmal quantitativ bewältigt werden (müssen). Immer mehr Gruppen konkurrieren um immer weniger Objekte und immer weniger Geld. Wer ist am ehesten mit Wohnraum zu versorgen? Sind es diejenigen, die sich bei Freunden oder Bekannten "durchwohnen", oder jene Leute, die in Bauwagen oder auf der Straße leben?

Eine Konsequenz ist, daß sich die Lawaetz-Stiftung inzwischen in einem weiteren Schwerpunkt engagiert, und zwar als

- *Baubetreuerin für Neubauprojekte mit Obdachlosen*[9]

Darüber hinaus gewann das Förderinstrumentarium des Europäischen Sozialfonds auch in einem Ballungsgebiet wie Hamburg bei der Bekämpfung von Armut immer mehr an Bedeutung. Deswegen engagieren wir uns schließlich als

- *Beratungsstelle für Projekte, die durch den ESF gefördert werden, einschließlich der technischen Hilfe für die Programmabwicklung*[10]

Alle vier Arbeitsbereiche kooperieren bei den unterschiedlichsten Projektvorhaben, um möglichst viele Synergieeffekte zu erzielen. So werden Kollektivgründungen

Das Lawaetz-Haus wurde durch ehemals arbeitslose Bauhandwerker denkmalgerecht restauriert (1989)

mit der Schaffung von Wohnraum verknüpft. Beschäftigungsprojekte werden bei der Sanierung eingesetzt, und durch Qualifizierungsprojekte soll die Integration in Neubauvorhaben erleichtert werden.

Unsere Arbeit als alternative Sanierungsträgerin folgt dabei konsequent aus dem Programmkonzept der Stadtentwicklungsbehörde (STEB) und dem Sanierungsvertrag mit der Sozialbehörde (BAGS).

"Dabei geht es um folgende Ziele:
- Erhalt und Schaffung von preiswertem Wohnraum
- Unterstützung neuer, selbstbestimmter Wohn- und Lebensformen und
- Erschließung des beschäftigungsintensiven Stadterneuerungsbereiches für Problemgruppen des Arbeitsmarktes."
(AST-ABB-Konzept)[11]

"Der alternative Sanierungsträger verfolgt die Absicht, Selbsthilfegruppen bei der Erhaltung, Verbesserung und Erneuerung von Gebäuden zu beteiligen. Das Ziel dieser Absicht ist es, **Möglichkeiten von Selbsthilfe im baulichen Bereich und Hilfe zur Selbsthilfe im sozialen Bereich miteinander zu verbinden**. Dabei werden insbesondere Maßnahmen und Projekte für **sozial schwächere und bedürftige Gruppen** durchgeführt, denen angemessene Räumlichkeiten angeboten werden sollten. Weiterhin werden Projekte durchgeführt, durch die im **Rahmen der Jugendhilfe** unter dem Gesichtspunkt der **Hilfe zur Selbsthilfe** Wohn-, Ausbildungs- und Arbeitsmöglichkeiten geschaffen werden können. Ferner sollen Formen und **Möglichkeiten der Beteiligung von ausländischen Bevölkerungsgruppen** an dem Prozeß der Instandsetzung von Gebäuden erprobt und gefunden werden." (Sanierungsvertrag)

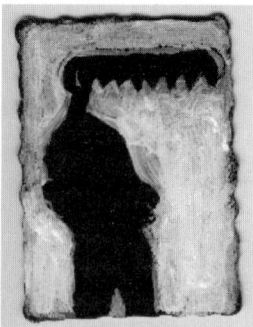

Die weiter hinten im Buch dargestellten zehn ausgewählten Projektbeispiele[12] geben einen groben Überblick über den Einsatz der unterschiedlichen Instrumente und die Adressaten. Ziel ist es, bei der Projektentwicklung durch eine gute Kombination von öffentlichen Fördermöglichkeiten und gezieltem Einsatz von Selbsthilfeaktivitäten

- **auch baulich schwierige Objekte**
- **mit den besonders benachteiligten Personengruppen**
- **unter möglichst sparsamem Einsatz der öffentlichen Förderung**

zu realisieren.

Dies bedeutet in Einzelfällen eine intensive Anleitung der Selbsthelfer und bedarf einer sensiblen Projektsteuerung, um die Selbstorganisationskräfte der Gruppen wahrzunehmen, anzuregen und weiterzuentwickeln. In den acht Jahren, die die Stiftung als Sanierungsträgerin arbeitet, währte dieser Prozeß unterschiedlich lange, zum Teil auch Jahre. Gescheitert jedoch ist lediglich ein Projekt, unser prominentestes, das Wohnprojekt in der St.-Pauli Hafenstraße - und das lag am fehlenden politischen Konsens.

Unser Arbeitsansatz wird, unter Berücksichtigung der sozialpolitischen Pro-

Erwartet nicht zu viel vom Weltuntergang

blemlagen, der Interessen der Gruppen und der Möglichkeiten öffentlicher Förderprogramme fortlaufend weiterentwickelt. Grundlage dafür ist der Stiftungszweck. Zwar verfügt die Stiftung auch über Kapital - so gehören ihr z.B. das Lawaetz-Haus und die Falkenried-Terrassen. Aber der diesen Immobilien innewohnende Wert kann nicht realisiert werden. Das eigentliche Kapital der Stiftung ist ihr Know-how oder, besser gesagt, das Know-how ihrer MitarbeiterInnen. Da auch diese zum überwiegenden Teil über die Freie und Hansestadt Hamburg finanziert werden, kann mit Recht erörtert werden, ob die Stiftung - wie sie immer zugestanden hat - denn nur staatsnah oder nicht vielleicht doch staatsabhängig sein könnte.[13]

Bei der Arbeit mit den Projekten, ob in der Beratung oder bei der Durchführung, versucht die Lawaetz-Stiftung, wie vergleichbare andere Träger auch, die sattsam bekannten Probleme zu meistern. Immer wieder geht es darum, einen ganzheitlichen Lebenszusammenhang - arbeiten, bauen, leben - nach eigenen Vorstellungen in der Gruppe zu verwirklichen, eben nicht auseinanderzureißen, sondern als **ein** ganzes, einheitliches Projekt zu betreuen.

Deshalb stellen wir unsere berufliche und fachliche Kompetenz in den Dienst einer Einmischungsstrategie, die das Problem nicht aus den Augen verliert, sondern darauf drängt, es zu lösen, auch wenn Arbeit und Ärger damit vermacht sind. Das ist auch mit Risiko verbunden. Die Lawaetz-Stiftung ist zwar eine staatsnahe Stiftung, doch die handelnden Personen sind auf die Stiftungsaufgabe in der Satzung festgelegt; sie brauchen nicht jeder tagespolitischen Opportunität zu folgen. Es gibt hierfür zahlreiche Beispiele. Dieser Spielraum ist die Nische, aus der heraus die Stiftung die Besonderheit und die Notwendigkeit ihrer Arbeit ableitet. Für die Betroffenen, die Nutznießer der Stiftungstätigkeit sein sollen, ist genau das der Maßstab, der angelegt wird, die Arbeit zu beurteilen.

Auch für die nächste Zukunft wird es in Hamburg Gruppen von Menschen mit unkonventionellen Vorstellungen vom Zusammenleben geben, denen es vor allem an finanziellen Möglichkeiten mangelt, diese zu verwirklichen. Auch in den nächsten Jahren wird Wohnraum knapp und teuer sein. Die sozialen und ökonomischen Probleme bleiben, und Fördergelder werden immer knapper. Phantasie, sich für die Menschen in dieser Stadt einzusetzen, wird gefragt bleiben. Ob denn nur staatsnah oder staatsabhängig, unsere Strategie bleibt unverändert: Wir mischen uns ein!

Anmerkungen:

[1] siehe hierzu: Der Schatz im Silbersee; Ein Finanzierungsleitfaden für selbstverwaltete Betriebe und Projekte, Berlin 1984

[2] siehe hierzu: Unter Geiern, Ein Leitfaden für die Arbeit in selbstverwalteten Betrieben und Projekten, Berlin 1986

[3] Hartmut Häußermann, Walter Siebel: Neue Urbanität, Edition Suhrkamp 1987

[4] Bürgerschaftsdrucksache 11/5728 vom 10.7.1986

[5] Armut, Arbeit und bürgerliche Wohltätigkeit, Johann Daniel Lawaetz und seine Zeit; Ingrid Bauer, Jochen Bohnsack, Heinz Brüdigam und Ulrike Linke, Behörde für Arbeit, Jugend und Soziales, Hamburg, 1986

[6] Lawaetz, Johann Daniel: Über die Sorge des Staats für seine Armen und Hülfsbedürftigen, Altona 1815

[7] Bürgerschaftsdrucksache 12/350 vom 10.2.1987: Stadterneuerung und Soziale Arbeit

[8] Aufbau einer Beratungsstelle für örtliche Beschäftigunginitiativen bei der Lawaetz-Stiftung, Bürgerschaftsdrucksache 11/5727

[9] Die Lawaetz-Stiftung betreut zur Zeit fünf Neubauvorhaben aus dem Sonderprogramm für obdachlose Menschen.

[10] Von 1990-1993 sind ca. 45 Mill. DM aus Fördermitteln der Europäischen Union für Hamburger Qualifizierungsprojekte eingesetzt worden.

[11] Allgemeine Verfahrensregeln für den Projektablauf bei dem Instandsetzungsprogramm für preiswerten Wohnraum (Umsetzung des "ABB/AST-Programms") aus dem Titel 5200.893.09

[12] Bei der Auswahl hatten wir die Qual der Wahl. Die ausgewählten Beispiele sind Ausdruck der breiten Palette an möglichen Projekten; sie sind allerdings nicht bemerkenswerter als die vielen nicht besonders dargestellten Projekte der Stiftung.

[13] Die Frage, ob denn staatsnah oder staatsabhängig, hat schon JuristInnen - bis hin zur Doktorarbeit - beschäftigt; vgl. hierzu auch Renate Thomsen: Probleme "staatsnaher" Stiftungen unter besonderer Berücksichtigung ihrer Autonomie, unveröff. Diss., Hamburg 1991, sowie Christian Bernzen/Uwe Bernzen: Neue Wege in der Jugendförderung, in: Zentralblatt für Jugendrecht, Heft 6, 1988.

Karin Schmalriede, Lawaetz-Stiftung
Zwischen den Stühlen ist Beifall eher selten

- Menschen, Häuser, Grundstücke, Geld oder Über die Gewöhnung an den "tagtäglichen Konflikt"
- ein (eher persönlicher) Bericht über die Arbeit bei einem alternativen Sanierungsträger

Vor nunmehr zehn Jahren, Ende 1984, beschloß die Bürgerschaft das Programm alternativer Baubetreuer. Allein der Beschluß bewegte zunächst wenig, um nicht zu sagen gar nichts. Die Vorbehalte gegen alternative Projekte waren viel zu groß. Für keines der in Rede stehenden Projekte gelang die Realisierung. Der Status des alternativen Baubetreuers war nicht gesichert und nicht akzeptiert. Durch das Konzept alternativer Sanierungsträger wollten die beiden federführenden Behörden diese Schwäche ausgleichen. Damals waren die Baubehörde und die Behörde für Arbeit, Jugend und Soziales zuständig.
Als 1987 die Lawaetz-Stiftung und die Stattbau Hamburg GmbH in aller Form als alternative Sanierungsträgerin vom Amt für Wohnungswesen anerkannt worden waren, knallten bei uns im Büro die Sektkorken. Der Sanierungsvertrag mit der Sozialbehörde lag unterschriftsbereit in der Schublade, die Bürgerschaft hatte die Personalstellen und die Sachmittel bereits beschlossen. Unserem Engagement, alte Häuser vor der Abrißbirne zu retten und dabei noch die Selbsthilfepotentiale von interessierten Nutzergruppen (oder besser gesagt Besetzergruppen) mit einbeziehen zu können und damit verschüttete Qualifikationen oder nie abgefragte Kompetenzen wieder zu Tage zu fördern und vielleicht noch Arbeitsplätze zu schaffen und und und ...! Diesem Engagement sollte nun nichts mehr im Wege stehen? Weit gefehlt!
Die Grundlagen waren zwar politisch beschlossen, aber in der Verwaltung fehlte vielleicht noch der Mut, daran zu glauben, daß jetzt tatsächlich "alternativ saniert" werden sollte. Daran änderten auch die Presseerklärungen des Senats nichts. Allein lange Listen mit städtischen Leerständen reichten nicht aus. Erst in sogenannten "Elefantenrunden" (an meist eckigen Tischen) - mit den Senatoren der Bau- und Sozialbehörde gemeinsam - wurde jedes einzelne Objekt besprochen und verbindlich an den einen oder anderen Sanierungsträger weitergereicht. Alle Objekte dieser alten Listen - soweit in den Elefantenrunden der politische

"Zwischen den Stühlen..."

Konsens erreicht werden konnte - sind heute fertig saniert.

Die Baubehörde zahlte die Investitionen und die Sozialbehörde unsere Intendanzkosten. Der Laden lief. Die Akzeptanz in den Behörden nahm stetig zu. Letztlich auch kein Wunder, denn wir sahen zwar alternativ aus, doch schließlich waren wir von der Ausbildung her sozialisiert und verstanden die Sprache der Behörden. Die Konflikte der Behörden und der Nutzergruppen mit uns dazwischen fokussierten sich auf die Juristerei bei den Nutzungsverträgen. Frei nach dem Motto: "Ein Sanierungsträger, ein Wort - die Politik, ein Wörterbuch" wurden Verträge für die Nutzung der Objekte ausgehandelt, die den Eindruck erwecken mochten, hier würden Verträge für die Weltsicherheit zu Papier gebracht[1]. Der sogenannte "Chemnitzstraßenvertrag" erblickte das Licht der Welt - der Vertrag wurde nach dem ersten Projekt benannt, das diesen Vertrag akzeptiert hatte (wobei das Projekt eher der Übermacht als der eigenen Einsicht folgte).
Kaum schien diese Klippe umschifft, tauchte am Horizont ein neues Problem auf. Die stadteigene Wohnungsgesellschaft (SAGA) wollte alternativ sanierte Objekte nicht verwalten. In fast schon weiser Voraussicht hatten wir eine Tochtergesellschaft, die Lawaetz-GmbH, gegründet[2], der wir diese Aufgabe aufbürden wollten. Hier war zunächst die Finanzbehörde, genauer gesagt, die Liegenschaftsverwaltung, davon zu überzeugen, daß ein alternativer Träger, wenn er denn auch noch staatsnah organisiert ist, wie Lawaetz, solche Aufgaben zuverlässig übernehmen kann. Aufgrund der anhaltenden Weigerung der SAGA, alternative Objekte zu verwalten, kam es irgendwann zur Zustimmung. Eine weitere Drucksache mußte durch Senat und Bürgerschaft laviert werden. Mit ihr sollte das komplette Verfahren für die Zurverfügungstellung von Grundstücken geregelt werden. Das klappte nur teilweise und eher theoretisch. Unser Versuch, einen anderen Nutzungsvertrag (weniger umfangreich als sein Vorgänger, weil weniger mißtrauisch) durchzusetzen, mißlang. Nicht einmal die höhere Miete hatte dem Senat ein Einverständnis entlocken können. Die umfänglichen Regelungen für das Aufhängen von Transparenten schienen immer noch deutlich Vorrang zu haben. Nun gut, wir haben den Gruppen in unseren Beratungen klar und deutlich mitgeteilt, daß wir Vertragstreue erwarten in wichtigen Angelegenheiten und ansonsten flexibel und kostenbewußt arbeiten werden. Aufwendige juristische Streitereien konnten und wollten wir uns nicht leisten. Es hat bislang in all den Jahren damit keine Probleme gegeben. Letztlich waren das eigentlich Bemerkenswerte an diesem Verfahren der Kopieraufwand der Vertragstexte für die einzelnen Projekte und

der hohe Beratungsaufwand. Seit 1993 gibt es einen neuen, (ganz im Sinne der Lean-production-Strategie) schlanken Nutzungsvertrag, denn mittlerweile haben sich die beteiligten Behörden[3] an die Gruppen gewöhnt und daran, wie wir mit Problemen umgehen. Aber diese Akzeptanz brachte immer noch nicht die "Gewöhnung an das alltägliche Glück".

Wir waren mit dem Auftrag, uns einzumischen, ausgestattet. Das taten wir. In dem Maße, wie auf der Behördenseite die Akzeptanz wuchs, kamen die Träger auf der Seite der Nutzergruppen unter Beschuß. "Ihr seid ja wie 'ne Behörde", hieß es, als wir zum Beispiel stur dabei blieben, Rechnungen für einen Blumenstrauß nicht als Materialeinkauf für die Selbsthelfer zu akzeptieren. Da fehlte es uns wohl an Kreativität. "Lieber an die Grenze der Legalität als Opfer einer immer wiederkehrenden Dummheit" lautet eine Bildunterschrift aus der Bilderserie "Künstler für den Frieden". An die Grenze gehen wir schon, aber nicht darüber. Das mußten die Gruppen lernen, denn wären wir wie sie - z.B. soooo kreativ -, wären wir wirkungslos. Ein alternativer Träger, der bei anderen Regeln für eine Integration durchsetzen soll und selbst die Regeln nicht einhält, wird sich kaum lange am Markt halten.

Und in manchen Gruppen ist von Regeleinhaltung nicht viel bekannt. Da waren wir echt gefordert. Es kam nicht oft vor, aber es gab auch Gruppenberatungen, da hatten wir Angst. Und zwar nicht nur vor den verbalen Auseinandersetzungen - es gibt auch durchaus Beispiele für bedrohliche Situationen. Letztlich war diese Angst immer völlig unbegründet. In all den Jahren ist kein Konflikt eskaliert. Selbst als Mitglieder unseres berühmtesten Projektes uns Geschäftsstempel klauen wollten (und was ist ein alternativer Sanierungsträger ohne Stempel?), konnte das Problem friedlich und mit viel Geduld und ohne Polizei gelöst werden. Das Zwischen-den-Stühlen-Sitzen halten wir gut aus. Wir kennen unsere Aufgabe, aber es gibt keine Routine. Kein noch so typisches ABB-Projekt ist wie das andere. Das macht den besonderen Reiz unserer Arbeit aus.

Je mehr sich die Gesellschaft in Arm und Reich spaltet - und in Hamburg als reicher Stadt spielt sich dieser Prozeß besonders deutlich ab -, um so mehr bedarf es unkonventioneller Konzepte. Es geht nicht nur um die Versorgung mit Wohnraum. Es geht darum, nach eigenen Vorstellungen selber zu wohnen und zu arbeiten.
An den Häusern in der St.-Pauli Hafenstraße prangt seit langer Zeit der Spruch: *"Kein Leben in die (sic!) Kiste"*. Wie wahr! Leider gibt es heutzutage schon lange nicht einmal mehr genug "Kisten" zum Wohnen. Und da kommen wir als intermediärer Träger immer noch daher und

wollen noch Projekte für die "As" (arm, alt, allein, arbeitslos...), in denen selbstverwirklicht gewohnt und gelebt werden kann?

Uns ist klar, daß angesichts der bundespolitischen Restriktionen und der wirtschaftlichen Krisensituation Hamburg allein nicht für den Ausgleich des Sozialabbaus aufkommen kann - dort aber, wo die Ressourcen in Hamburg vorhanden sind, sollten diese für soziale Zwecke eingesetzt werden.

Sobald die harten Konflikte mit den Instandbesetzergruppen nicht mehr so virulent sind, scheint dieser Gedanke in Politik und Verwaltung an Gewicht zu verlieren.

Was die Sanierung von städtischem Altbau für alternative Nutzergruppen anbelangt, waren die Sanierungsträger ja sehr erfolgreich. Die langen Listen der Projekte belegen dies. Doch es bleiben Fragen offen. So ist es uns nicht gelungen, jenseits öffentlicher Ausschreibung ein Instandsetzungskonzept für das ehemalige Stadthaus Schlump vorlegen zu dürfen. Mehr als 3.000 qm für soziale Nutzungen sollten entstehen. Im Rahmen der öffentlichen Ausschreibung waren wir mit unserem Konzept für die besonders Armen, Frauen, Kinder und andere alternative Nutzungen offensichtlich nicht konkurrenzfähig gewesen. Ob sich aber die Erwartungen der Stadt durch den ausgewählten (finanzkräftigen) Investor realisieren werden, bleibt erst abzuwarten. Es darf bezweifelt werden, ob sich die sozialen Auflagen so ohne weiteres damit verbinden lassen, daß das große Geld verdient werden kann. Falls nicht, dann ist schon klar, was dabei auf der Strecke bleiben wird. Auch ein sozialer Investor ist zuallererst ein Investor.

Wertvollen städtischen Grund und Boden für alternative Nutzungen zur Verfügung zu stellen, ob per Verwaltungsvertrag, Verkauf oder Erbbau, kostet Geld. Soviel ist klar! Es kostet aber letztendlich mehr Geld, für soziale - durch die Stadt per Gesetzesverpflichtung zu subventionierende - Nutzungen teuren Wohn- und/oder Gewerberaum anzumieten.

Im **Rabenhorst**, einem städtischen Objekt, das aus Mitteln der STEB und einem kleinen Zuschuß des Amtes für Jugend durch die Lawaetz-Stiftung für eine betreute Jugendwohnung saniert wurde, bleibt die Miete niedrig. Das freut doch nicht nur die Jugendbehörde, sondern gesamtfiskalisch geht diese Rechnung in jedem Fall auf und macht auch für andere Ressorts Sinn.

Ein weiteres Beispiel ist der **Winkelmannsche Hof**; ebenfalls ein städtisches Gebäude. Für die Sanierung gab es Mittel der Stadterneuerung und einen Zuschuß der Sozialbehörde. Mit der erheblichen Selbsthilfe der Nutzergruppe - alles ehemalige Bewohner einer städtischen Wohnunterkunft für Obdachlose - erfolgte die Sanierung des städtischen Gebäudes. Die Miete bleibt dauerhaft niedrig, das spart Sozialhilfe und stärkt die Motivation der Bewohner, selbst für die Kosten der Wohnung aufzukommen. Acht Männer bewohnen das Haus, an der Sanierung haben ingesamt fünfzehn Männer mitgewirkt. Allen gelang der Sprung in eine neue, ganz andere Zukunft. Alle sind mittlerweile in Lohn und Brot. Bescheiden zwar, aber auskömmlich. Nach oftmals jahrelanger Isolation gelingt es jetzt wieder, am gesellschaftlichen Leben teilzunehmen. Ein Bewohner: *"Ich mußte erst mal wieder lernen, worüber die Leute draußen reden. Wenn du in der Unterkunft bist, gibt es immer nur die gleichen Geschichten. Man verlernt völlig, sich auch für andere Menschen zu interessieren."* Das ist doch im klassischen Sinn Hilfe zur Selbsthilfe. Doch mit der Hilfe wird es zusehends schwieriger. Anfangs wußten wir nicht, welches Projekt wir zuerst machen sollten. Begrenzt waren nur Man- und Women-Power, nicht so sehr das Geld im ABB-Haushaltstitel. Das waren noch Zeiten. Heute ist das anders. Nunmehr gibt es lediglich Verpflichtungsermächtigungen. Beim Vorgriff auf die nächsten Haushaltsjahre wird hin und her gewogen, die Mittelabflußplanung wird fein ziseliert durch die MitarbeiterInnen der STEB auf lange Zeit vorbereitet. - Alles gut und schön [4], aber wo bleibt der Spielraum für neue Projekte?[5] War nicht der ABB-Topf - so heißt das gute Stück unter Eingeweihten - auch ein Instrument zur Krisenintervention?

Wenngleich sich die Krisen, nicht zuletzt durch die Tätigkeit der alternativen Sanierungsträger, mittlerweile auch in Grenzen halten - hier muß nachgebessert werden.

Wie sagen die Gruppen so schön treffend: "Ohne Moos nichts los!"

Anmerkungen:

[1] Ein fertig abgeschlossener Vertrag konnte bis zu 100 Seiten stark sein.

[2] Stattbau hat aus ähnlichen Erwägungen die Gründung der Wohnungsbaugenossenschaft Schanze e.G. betrieben.

[3] Durch Umstrukturierungsprozesse ist der ABB-Bereich mittlerweile bei der neu geschaffenen Stadtentwicklungsbehörde (STEB) angesiedelt. Die Sozialbehörde firmiert nunmehr als Behörde für Arbeit, Gesundheit und Soziales (BAGS), das Amt für Jugend ist jetzt bei der Schulbehörde angesiedelt.

[4] Die Behörde für Arbeit, Gesundheit und Soziales (BAGS) wird in der Projektszene auch manchmal "Behörde für Alles Gute und Schöne" genannt.

[5] Um Mißverständnissen vorzubeugen, der Titel wurde nicht gekürzt. Es ist schlicht alles Geld bereits für Projektvorhaben ausgegeben bzw. gebunden worden.

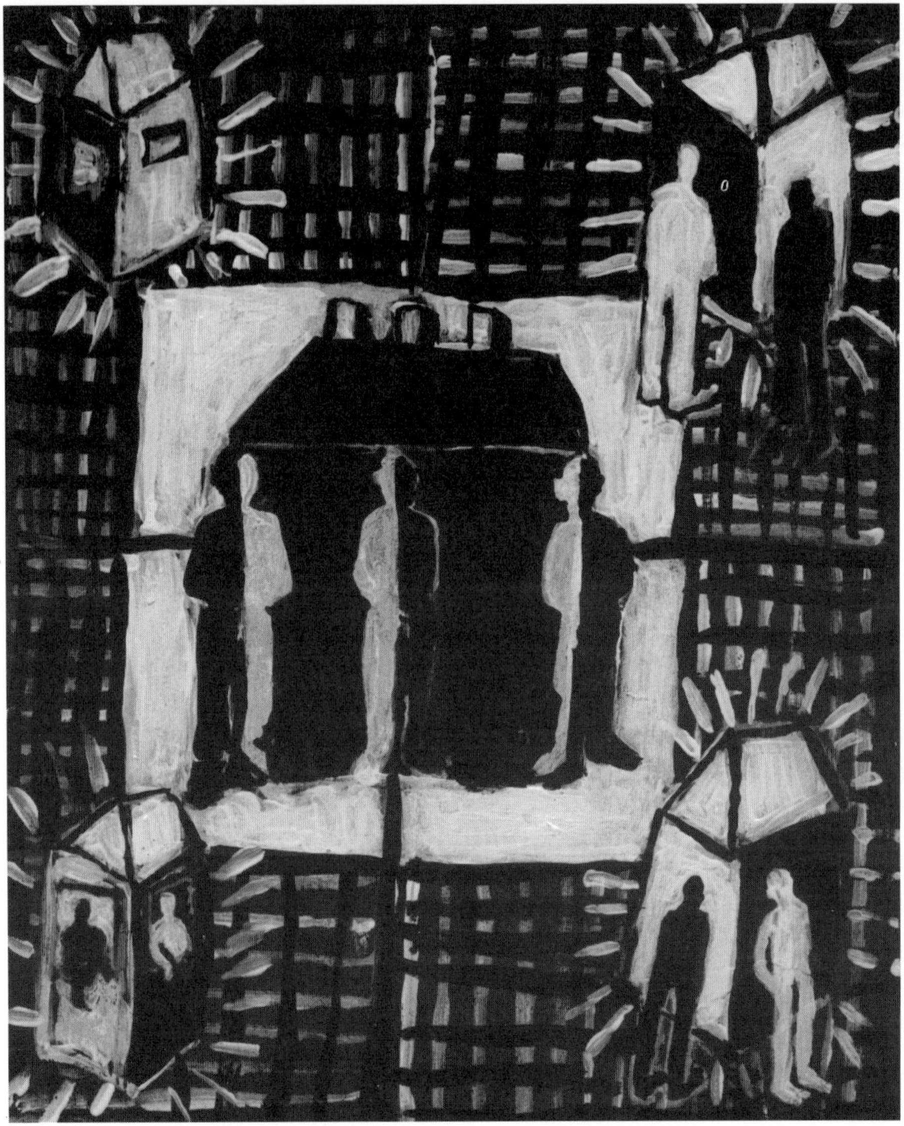

Von der Selbsthilfe zur Selbstverwaltung und was dann noch an Arbeit übrigbleibt

Uwe Jochens, Lawaetz-Stiftung
Vertragliche Regularien und ihre Weiterentwicklung aufgrund von Erfahrungen bei Selbsthilfewohnprojekten - eine Einführung

Jedes politische Ziel wird nach vielfältigen Diskussionen und Erörterungen programmatisch festgeschrieben. Am Ende stehen dann in der Regel - wie auch hier - Verträge, die die einzelnen Beziehungen zwischen allen Beteiligten detailliert regeln und auf die im Konfliktfall zurückgegriffen werden kann.

Dies war und ist auch bei der Abwicklung des ABB-Programms der Fall. Die vertraglichen Beziehungen zwischen den beteiligten Behörden und den Sanierungsträgern bzw. der GmbH als sozial betreuender Verwaltungsgesellschaft für die Nutzergruppen wurden zwar kontrovers diskutiert, rückblickend liefen die Verhandlungen jedoch insgesamt problemlos.

Schwieriger gestalteten sich die Vertragsverhandlungen mit den Nutzergruppen, die schließlich in Form von rechtsfähigen Vereinen mit der GmbH den sogenannten "Chemnitzstraßenvertrag" abzuschließen hatten. Dies wurde der GmbH von der Finanzbehörde ausdrücklich auferlegt.

Der "Chemnitzstraßenvertrag" zeichnet sich dadurch aus, daß den Nutzergruppen "ihr Objekt" "zur eigenverantwortlichen und selbstbestimmten Verwaltung sowie zur alleinigen und ausschließlichen Nutzung" überlassen wird. Sie haben die sach- und fachgerechte Instandhaltung, die Beseitigung von Schäden sowie die Verkehrssicherungspflicht und weitere Quasi-Eigentümerverpflichtungen zu übernehmen. Als Gegenleistung für die Überlassung des Vertragsgegenstandes haben die Nutzergruppen ein Entgelt von in der Regel durchschnittlich DM 400,00 jährlich zu entrichten. Umgerechnet auf die Quadratmeter Nutzfläche/Monat beträgt dieses Entgelt durchschnittlich ca. DM 0,20. Hinzu kommt die Instandhaltungsrücklage von DM 1,80 je qm Nutzfläche/Monat, so daß - vereinfacht ausgedrückt - von einem Mietzins von DM 2,00 je qm Nutzfläche/Monat ausgegangen werden kann. Zu berücksichtigen ist hierbei allerdings, daß die Nutzergruppen etwaige Kredite für Modernisierungskosten während der Sanierung gegenüber den Endnutzern mietwirksam werden lassen müssen und das volle Risiko zu tragen haben, so daß die Endnutzer in der Regel einen um

DM 2,00 bis DM 3,00 höheren Betrag als die sogenannte Grundmiete gegenüber dem Verein zu zahlen haben.

Diese günstige Vertragsgestaltung für die Nutzergruppen relativierte sich aus deren Sicht dadurch, daß trotz der angestrebten Selbstverwaltung und "Staatsferne" sehr enge Regularien hinsichtlich der Untervermietung des Vereins an seine Mitglieder in den Vertrag aufgenommen wurden (Mindestbedingungen), bauliche Veränderungen der Zustimmung der GmbH bedurften, Dritte (insbesondere Nachbarn) nicht unzumutbar belästigt werden durften und vor allem die Gestaltung und Farbgebung der Außenwände im Einvernehmen mit der GmbH durchzuführen waren. Die Nichtbeachtung u.a. dieser Regularien stellte nach dem Vertrag - sofern vorher zweimal mit angemessener Fristsetzung abgemahnt wurde - einen wichtigen Grund zur Kündigung für die GmbH dar.

Diese Regelungen, die sich auch aus gesetzlichen Vorschriften ergeben und deshalb nicht hätten explizit in den Vertrag aufgenommen werden müssen, stießen bei den Nutzergruppen immer wieder auf Widerstand. Einerseits glaubten sie, hierin den wahren Charakter des Staates erkennen zu können, andererseits waren vor dem Hintergrund des Umganges der SAGA mit dem Nutzergruppenprojekt Chemnitzstraße reale Existenzängste durch den drohenden Verlust von Wohnraum vorhanden.

Trotz des - zumindest in Teilbereichen - repressiven Charakters haben sich diverse Gruppen, "deren Objekte" von Lawaetz und Stattbau alternativ saniert wurden, bereit erklärt, den "Chemnitzstraßenvertrag" zu unterzeichnen. Dies führte in der Regel im Vorfeld zu einem erhöhten Beratungs-, Betreuungs- und Vermittlungsaufwand; das Leben mit dem Vertrag hat sich bei den Projekten in bezug auf die geschilderten Regularien problemlos gestaltet. Etwaige Kontroversen wurden von der GmbH mit den Gruppen jeweils im bilateralen Konsens gelöst.

Problematisch könnte mittel- und insbesondere langfristig die Instandhaltung des

Objektes selbst werden. Entsprechend den vertraglichen Regelungen hat die Nutzergruppe die volle Verantwortung zu tragen; es sind monatlich pro qm Nutzfläche DM 1,80 als Instandhaltungsrücklage zurückzulegen.

Dieser, weit über der II. Berechnungsverordnung liegende Betrag (vorliegend jährlich DM 21,60 pro qm) ist bei erster Betrachtung sehr großzügig bemessen. Zu berücksichtigen ist jedoch, daß sich die Sanierungsträger als intermediäre Organisationen nicht nur veranlaßt gesehen haben, den Wünschen der Nutzergruppen soweit als möglich Rechnung zu tragen, sondern auch den behördlichen Anforderungen nach haushälterischem Umgang mit Steuergeldern Genüge zu tun. Dies führte dazu, daß jedes Gebäude - verglichen mit dem Zustand vor Sanierung - nutzungsadäquat saniert wurde, obwohl in einigen Fällen bestimmte bauliche Maßnahmen zugunsten einer Sanierungskostenminimierung nicht durchgeführt wurden. Es bleibt deshalb abzuwarten, ob in den Folgejahren die Instandhaltungsrücklage in jedem Falle ausreichend ist.

Ende der 80er, Anfang der 90er Jahre begannen erneut Diskussionen um den "Chemnitzstraßenvertrag". Bestimmte politische Nutzergruppen wollten den aus ihrer Sicht repressiven "Chemnitzstraßenvertrag" nicht akzeptieren, aber dennoch mit der Lawaetz-Stiftung die alternative Sanierung betreiben. Etwa zeitgleich hatte die Freie und Hansestadt Hamburg - insbesondere die Finanzbehörde und die Stadtentwicklungsbehörde - vor dem Hintergrund sich verändernder Grundstücks- und Baukosten und damit ansteigender Mietpreise das Ziel, eine Bodenwertrendite zu erzielen.
Nach langen, insbesondere mit den Nutzergruppen auf hohem Eskalationsniveau geführten Klärungsgesprächen wurde von der Lawaetz-Stiftung ein neuer Nutzungsvertrag entwickelt, der schließlich von den Gruppen und der Stadt Hamburg akzeptiert wurde.

Dieser Vertrag ist allein von seinem Umfang her wesentlich leichter zu handhaben und enthält keine von Mißtrauen gegenüber den Gruppen geprägten Formulierungen. Er gesteht den Nutzergruppen noch weitergehende Selbstverwaltungsrechte zu. Die Untervermietung ist an die Belegungsbindung nach § 25 des Wohnungsbindungsgesetzes geknüpft; die Auflagen aus den

Bewilligungsbescheiden werden an die Gruppen weitergegeben. Der Mietzins beträgt nunmehr DM 2,20 je qm Nutzfläche/Monat. Er setzt sich kalkulatorisch aus einer sogenannten Bodenwertverzinsung in Höhe von DM 2,00 sowie einer Verwaltungspauschale von DM 0,20 zusammen. Außerdem ist erstmals nach vier Jahren eine jährliche Erhöhung des Mietzinses um DM 0,25 je qm/Monat vorgesehen. Die Instandhaltungsrücklage beträgt weiterhin DM 1,80 je qm Nutzfläche/Monat.

Mit diesem neuen Vertrag werden die Nutzergruppen wohl gut leben können, und auch für die GmbH scheint die Handhabung dieses Vertrages nach vorläufiger Einschätzung (langjährige Erfahrungswerte fehlen) einfacher zu sein, so daß dem sozialbetreuerischen Ansatz der GmbH in besonderer Weise Rechnung getragen werden kann.

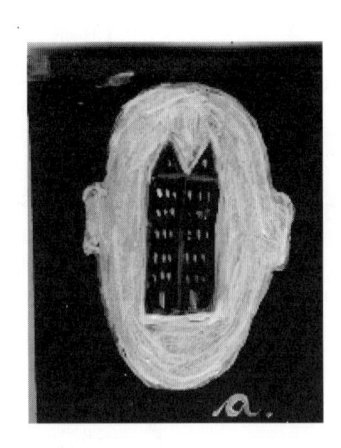

Rechtliche Kooperationsstruktur im Programm Alternativer Baubetreuer (ABB)

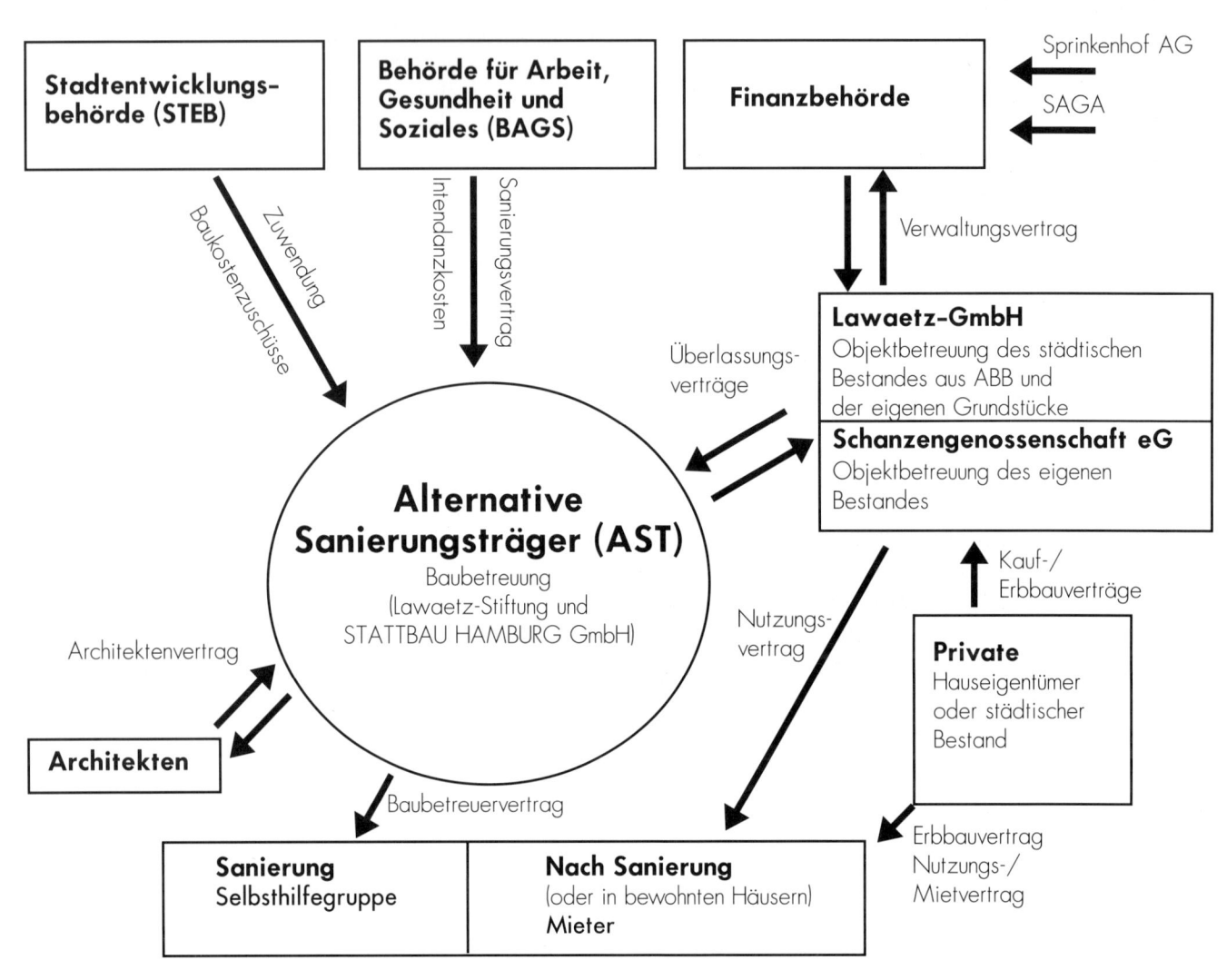

- **Stadtentwicklungsbehörde (STEB)** → Baukostenzuschüsse / Zuwendung → Alternative Sanierungsträger (AST)
- **Behörde für Arbeit, Gesundheit und Soziales (BAGS)** → Intendanzkosten / Sanierungsvertrag → AST
- **Finanzbehörde** ← Sprinkenhof AG, SAGA
- Finanzbehörde ↔ **Lawaetz-GmbH** (Verwaltungsvertrag)
  - Lawaetz-GmbH: Objektbetreuung des städtischen Bestandes aus ABB und der eigenen Grundstücke
  - **Schanzengenossenschaft eG**: Objektbetreuung des eigenen Bestandes
- AST ↔ Lawaetz-GmbH / Schanzengenossenschaft (Überlassungsverträge)
- **Alternative Sanierungsträger (AST)** — Baubetreuung (Lawaetz-Stiftung und STATTBAU HAMBURG GmbH)
- AST ↔ **Architekten** (Architektenvertrag)
- AST → **Sanierung Selbsthilfegruppe** / **Nach Sanierung (oder in bewohnten Häusern) Mieter** (Baubetreuervertrag)
- AST → Mieter (Nutzungsvertrag)
- **Private** Hauseigentümer oder städtischer Bestand → Schanzengenossenschaft (Kauf-/Erbbauverträge)
- Private → Mieter (Erbbauvertrag, Nutzungs-/Mietvertrag)

Anna Reiners, Lawaetz-Stadtentwicklungs GmbH
Objektbetreuung als neue Form sozialer Arbeit

Die Johann Daniel Lawaetz-Stadtentwicklungs GmbH wurde durch die Johann Daniel Lawaetz-Stiftung am 29.12.1987 gegründet. Die Gesellschaft soll, ähnlich wie die Muttergesellschaft, für sozial benachteiligte Personen tätig werden, der Schwerpunkt liegt auf der Beschaffung von Wohn-, Arbeits- und Ausbildungsmöglichkeiten.

Als einen Auftrag hat die GmbH zunächst die Verwaltung von Hausobjekten, die im Eigentum der Freien und Hansestadt Hamburg (FHH) sind und in Selbsthilfe oder über den Zweiten Arbeitsmarkt saniert wurden, übernommen. Hierzu wurde am 21.07.1988 ein Verwaltungsvertrag mit der FHH geschlossen. Die Übernahme dieses Auftrages wurde notwendig, weil die üblicherweise mit Hausverwaltung von städtischen Objekten beauftragten Firmen SAGA und Sprinkenhof diese Aufgabe nicht übernehmen wollten. Besonders die SAGA verwies darauf, daß die "Sonderkonditionen" des "Chemnitzstraßenvertrages", welcher dem Projekt enorme Selbstverwaltungsrechte zugestehe, dem Verwalter aber keine Kostendeckung erlaube, den normalen" SAGA-Mieter benachteilige und die SAGA deshalb - auch wenn gesellschaftlich vielleicht notwendig - strikt die Übernahme solcher Aufgaben ablehne. Zudem wurde angeführt, daß der mit der Verwaltungsübernahme verbundene soziale Betreuungsaufwand nicht leistbar ist, da u.a. kein entsprechend geschultes Personal zur Verfügung steht.

Zur Erfüllung ihrer Tätigkeit als Objektbetreuerin erhält die GmbH die Objekte von der FHH kostenfrei in die Verwaltung übertragen. Eine Abgabe an die FHH (zuständig Finanzbehörde) erfolgt nicht. Im Gegenzug verzichtet die GmbH auf die Erstattung von Kosten (durch die Finanzbehörde), die sich nicht aus den Einnahmen decken lassen.

Die Sachaufwendungen für den nicht rentierlichen Bereich dieses sozialen Auftrages werden durch die Sozialbehörde aus einem eigens für diese Zwecke eingerichteten Haushaltstitel gedeckt (die Abrechnung erfolgt über die Stiftung). Das Konzept der Projektbetreuung der GmbH sieht vor, daß projektbezogen ein abgestimmtes Betreuungsverfahren abläuft, das an den Voraussetzungen der Selbsthilfegruppen/Mietergruppen ansetzt und das zum Ziel hat, die dauerhafte Stabilisierung der Selbsthilfegruppe als Haus- oder Wohngemeinschaft zu erreichen. Je nach den Möglichkeiten der Gruppe kann - z.B. wenn die Stabilisierung ausreichend erreicht wurde - eine Vergabe des Objektes an die Gruppe auf dem Wege des Erbbaus erfolgen. Die GmbH ist dann auf Zeit von ihren Objektaufgaben entbunden.

Eine andere - gelungene - Möglichkeit ist die weitgehende Selbstverwaltung des Objektes durch die Gruppe. Hier werden der Selbsthilfegruppe auf privatrechtlichem Wege aus sozialpolitischen Erwägungen fast eigentümerähnliche Rechte eingeräumt. Öffentlich rechtlich ist die GmbH aber als Verwalterin in der Pflicht.

Arbeitsweise der Lawaetz-Stadtentwicklungs GmbH

Die Projektbetreuung der GmbH erfolgt nach dem Prinzip der Hilfe zur Selbsthilfe. Hierbei wird versucht, soweit wie möglich an den Erfahrungen des Sanierungsprozesses anzuknüpfen, d.h., die Unterstützung im Sinne einer sozialen Betreuung versucht, jegliche Art von Überfürsorge zu vermeiden; die Aufgaben der GmbH setzen sozusagen genau am Entwicklungsstand der Selbsthilfegruppe (nach Sanierung) an. Im Rahmen der sozialen Zielsetzung einer Stabilisierung der Selbsthilfegruppe und ihrer dauerhaften Integration werden dabei folgende Aufgaben wahrgenommen:

- Beratung in Fragen der Hausverwaltung, Einführung in Abrechnungstechniken, Durchführung von Abrechnungen und entsprechende fachspezifische Schulungen, soweit notwendig und gewünscht
- Organisation und Vermittlung von besonderen sozialen Dienstleistungen durch die zuständigen Träger der Jugend- und Familienfürsorge und des Sozialamtes
- Verhandlungen mit Behörden zur Übergabe der Objekte nach Stabilisierung auf dem Wege des Erbbaus
- Kontaktvermittlung zu Beschäftigungsträgern und potentiellen Arbeitgebern und Qualifizierungseinrichtungen
- Kontrolle der Belegungspraxis, Beratung der Selbsthilfevereine bei permanenten Regelverstößen durch Mieter

Organisatorische Entwicklung

Die Projektleitung der Objektbetreuung wird von der Geschäftsführung der Stiftung wahrgenommen. Die Beratung und Betreuung der Selbsthilfegruppen erfolgt je nach Problemgebiet durch die kaufmännische Verwaltung, Sozialwissenschaftler, Architekten, Bautechniker oder einen Juristen. Alle diese Leistungen sind für die Selbsthilfegruppen unentgeltlich. Die GmbH erhält lediglich eine geringe Verwaltungskostenpauschale. Die Personalausstattung für diese besondere soziale Leistung finanziert die Sozialbehörde. Um die anfallende Arbeit effektiv bewältigen zu können, ist geplant, die Selbsthilfegruppen stärker über spezielle Trainings auf die erforderlichen Aufgaben als Vereinsmitglieder und Mieter, sowohl in ihrer Doppelfunktion als auch als "individuelle" Mieter, vorzubereiten.

Generell versucht die GmbH, entsprechend den Bedürfnissen der Gruppen ihr Arbeitsfeld anzupassen und zu erweitern. Bezogen auf Probleme von Jungerwachsenen, die aus betreuten Einrichtungen und Wohnformen kommen und mit extremen Schwierigkeiten beim gewünschten Übergang in normale Wohnverhältnisse konfrontiert sind, hat die GmbH einen Auftrag des Amtes für Jugend (BSJB) übernommen. Ziel hierbei ist es, den Ablösungsprozeß der Jungerwachsenen aus betreuten Wohnverhältnissen in normale Mietverhältnisse zu begleiten und zu realisieren. Im Verhältnis zwischen Vermieter und Mieter dient die GmbH als Ansprechpartnerin für auftretende Probleme. Die Akquise der Wohnungen erfolgt über die Anmietung, den Ankauf und die Verwaltung von Wohnungen, den Erwerb von Belegungsrechten im sozialen Wohnungsbau, die Sanierung von Altbauten, und die GmbH beteiligt sich an Neubauvorhaben im Rahmen des öffentlich geförderten Wohnungsbaus.

In Hamburg wird es eng
- die Flüchtlingsschiffe in Neumühlen

Gerade die Beratung der zukünftigen Mieter wird bei den in Planung befindlichen Neubauvorhaben für Obdachlose um so dringender, da hier die gemeinsame Sanierungsphase als erste Identitäts- und Stabilisierungsphase völlig fehlt und die Betreuung im Objekt erst mit dem Beginn der Wohnnutzung einsetzen kann. Angesichts eines dramatischen Mangels an preiswertem Wohnraum hat diese Nachfragergruppe immer schlechtere Chancen bei der Wohnungssuche. Aus der Sicht der Umwelt vielfach von vornherein als "Problemmieter" bezeichnet, können die Menschen immer weniger durch traditionelle Prozesse in die normale Wohnumgebung integriert werden. Die Bedeutung der GmbH als Serviceeinrichtung für die soziale Stabilisierung und Integration dieser Mieter wird nach unserer Auffassung weiter zunehmen. Durch die massiven Verarmungstendenzen, gerade in Großstädten, wird dieser Entwicklung noch Vorschub geleistet.

Neben dem Ausbau der Anstrengungen, für Obdachlose Wohnungsneubau zu betreiben, wird die GmbH auch weiterhin vorrangig Selbsthilfeprojekte alternativer Sanierung in die Objektbetreuung nehmen. Allen Projekten wird weiterhin gemeinsam bleiben, daß die Einnahmen aus der Vermietung (bei sanierten Projekten deutlich unter der Marktmiete und beim sozialen Wohnungsbau identisch mit den Eingangsmieten) nicht die Aufwendungen der Objektbetreuung decken. Die für diese Zwecke vorgesehene Zuwendung der Sozialbehörde muß, entsprechend den sich ständig erweiternden Anforderungen, an die Objektbetreuung durch die GmbH angepaßt werden. Neben der breiten sozialen Betreuung muß ein noch stärkeres Gewicht auf die Selbstorganisationskräfte innerhalb der Gruppen und bei den einzelnen Betroffenen gelegt werden. Die Zunahme des Personenkreises derer, die nach Ansicht der Umwelt mit starken Schwierigkeiten behaftet und weder wohn- noch arbeitsfähig sind, macht es notwendig, daß man über neue Methoden der sozialen Arbeit nachdenkt und stärker darauf aufbaut, soziale Prozesse in den Haus- und Mietergemeinschaften und Familien zu initiieren, so daß eine soziale Betreuung immer weniger notwendig und schließlich überflüssig wird. Nach wie vor ist deshalb ausdrückliches Ziel der Lawaetz-GmbH, die Weitergabe der Objekte in Erbbau an die Gruppen zu betreiben. Wird das politisch nicht gewollt - hier hat sich mittlerweile die politische Linie der Stadt geändert -, um z.B. Belegungsbindungen dauerhaft zu sichern, werden Chancen der Selbstverwaltung vertan. Im Ergebnis würde sich eine auf Dauer angelegte Objektbetreuung mit der Tendenz steigender Kosten verfestigen. Diesen Zielkonflikt gilt es aufzuarbeiten, schon weil die Übernahme unrentierlicher Kosten immer ein Problem bleiben wird, ob nun bei der SAGA, durch die STEB oder auch durch die Sozialbehörde. Wir arbeiten hier weiter an der objektiv besten Lösung.

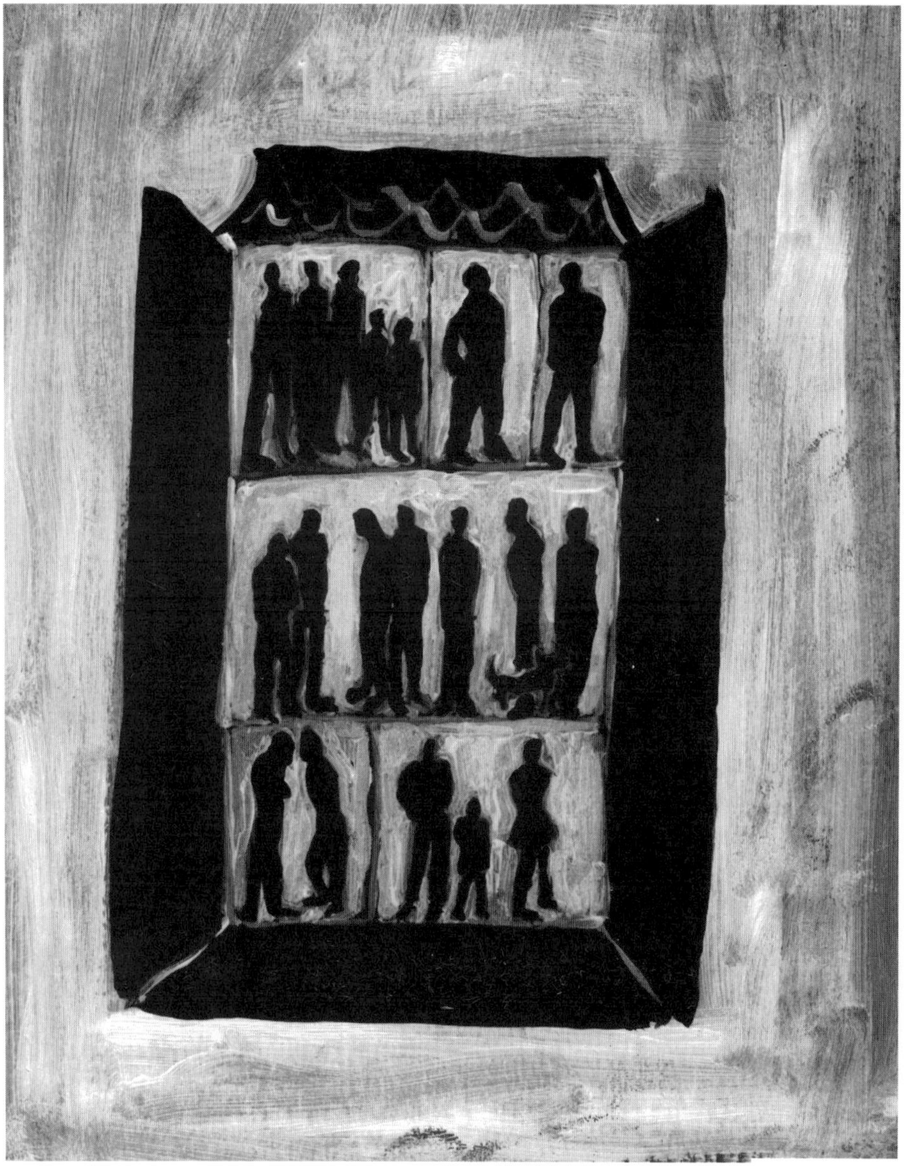

Rosemarie Oltmann, Wohnungsbaugenossenschaft Schanze e.G.
Das Projekt der Projekte. Eine Genossenschaft ermöglicht Selbstverwaltung

Die Wohnungsbaugenossenschaft Schanze e.G. wurde am 11. August 1987 gegründet und im März 1988 in das Genossenschaftregister unter der Nr. 960 eingetragen. Mit den Häusern der Schanzenstraße 39 a bis 45, zwei zur Straße hin gewandten fünfgeschossigen Häusern aus der Jahrhundertwende und den sieben viergeschossigen Terrassenhäusern begannen die Aktivitäten der Genossenschaft.

Die Idee, eine Genossenschaft zu gründen, kursierte in den Köpfen der GründerInnen schon länger. Mit ihr sollten sozialpolitische Ideale wie der Erhalt preiswerten Wohnraums und Selbstverwaltung verwirklicht werden. Mit der Besetzung der Terrassenhäuser in der Schanzenstraße 41 a war der Anlaß gegeben, dies in die Tat umzusetzen. Umstände wie der Leerstand der Gebäude, die Bereitschaft des Eigentümers zum Verkauf und das Wissen darum, daß mit Hilfe des alternativen Baubetreuungsprogramms Mittel für abbruchgefährdete Häuser zur Verfügung standen, forcierten die Gründeraktivitäten. So war denn auch mit der Unterschrift unter den Kaufvertrag der Gebäude der Schanzenstraße der "Grundstein" für die Schanze e.G. gelegt. Neben den acht GründerInnen der Genossenschaft sind viele Einzelpersonen und Vereine dem Aufruf der Genossenschaft gefolgt.

"Werdet Mitglied der Genossenschaft und erwerbt Genossenschaftsanteile für die Erhaltung kulturhistorischer Bauten und preiswerten Wohnraums! (...) Helft, die immer nur angekündigte Senatspolitik der Erhaltung und behutsamen Erneuerung von Höfen, Passagen und Terrassen in die Tat umzusetzen! Setzt ein deutliches Zeichen gegen die Abrißpolitik der Behörden, die immer noch den Bauordnungsidealen der 50er Jahre von Licht, Luft und Sonne, Belange des Denkmalschutzes und einer behutsamen und sozialorientierten Stadterneuerung zu opfern bereit sind."

stand es u.a. auf dem Gründungsplakat geschrieben.

Bis zum Ende des Jahres 1988 haben sechsundfünfzig Personen und Vereine Genossenschaftsanteile in Höhe von ca. 115.000 DM erworben. Durch Aufnahme von günstigen Darlehen und die Beteiligung vieler Menschen dieser Stadt (Mitglieder) konnte der Ankauf der Gebäude der Schanzenstraße 39 a bis 45 realisiert werden.

Was sind die Ziele der Genossenschaft?

Die Genossenschaft Schanze wurde gegründet, um Häuser wie die in der Schanzenstraße vor Abriß, Spekulation oder Luxusmodernisierung zu bewahren. Die Ziele sind im § 2 der Satzung festgehalten:

1. Die Genossenschaft errichtet, erwirbt und bewirtschaftet Wohnungen. Ein Schwergewicht liegt in der Erhaltung kulturhistorisch bedeutsamer und schutzwürdiger Bausubstanz.

2. Die Genossenschaft erhält und erstellt preiswerten Wohnraum möglichst unter Einbeziehung von Selbsthilfearbeiten.

3. Die Genossenschaft kann zur Ergänzung der wohnlichen Versorgung ihrer Mitglieder/innen Gemeinschaftsanlagen und Folgeeinrichtungen, Läden und Räume für Gewerbebetriebe, soziale, wirtschaftliche und kulturelle Einrichtungen bereitstellen. Daneben kann sie die Errichtung von Wohnungsbauten sowie die in Satz 1 genannten Bauten betreuen und fremde Wohnungen bewirtschaften.

4. Bei der Bewirtschaftung werden Formen der Selbstverwaltung realisiert.

5. Die Genossenschaft soll Teile ihres Eigentums an Hausgruppen in Selbstverwaltung veräußern, wenn diese es wollen und Rechtsformen gemeinschaftlichen Eigentums ohne private Gewinnmöglichkeiten wählen.

6. Der Geschäftsbetrieb der Genossenschaft erstreckt sich auf das Gebiet der Freien und Hansestadt Hamburg und die angrenzenden Bundesländer.

7. Die Ausdehnung des Geschäftsbetriebes auf Nichtmitglieder ist nicht zugelassen. Die Rechte von Mieterinnen und Mietern, die in den von der Genossenschaft zu übernehmenden Häusern schon vor Übernahme wohnen, bleiben hiervon unberührt. Nur in begründeten Fällen kann die Mitgliederversammlung Ausnahmen zulassen.

Mit viel Energie wurde schnell eine kleine Verwaltung in den Räumen der Stattbau eingerichtet. Mieterversammlungen wurden durchgeführt, um sich den Mietern vorzustellen und um mit ihnen Zukunftspläne zu besprechen, denn in den Vorderhäusern waren siebzehn Wohnungen und zwei Läden vermietet, eine Wohnung stand leer. In den Hinterhäusern waren neben den besetzten Wohnungen noch elf Wohnungen vermietet. Es mußte von Beginn an darauf geachtet werden, daß die Verwaltung reibungslos verlief, daß die Abrechnung mit dem Voreigentümer erfolgte, daß die Auseinandersetzung mit den Besetzern um den Nutzungsvertrag auf den Weg gebracht wurde, usw. Es gab viel zu tun.

Bis heute ist die Genossenschaft Schanze e.G. gewachsen. Seit Januar 1988 ist das Büro mindestens mit einer Halbtagskraft besetzt. Die Häuser der Schanzenstraße 39 a und 45 sind bereits nach dem § 43 StBauFG modernisiert. Zuvor waren die Wohnungen auf den einzelnen Etagen zum Teil "halbiert" worden, eine Maßnahme, die in der Nachkriegszeit zur Beseitigung der Wohnungsnot durchgeführt wurde, d.h., es gab zwei Wohnungen auf einer Etage, die Wohnungen hatten keine Bäder und keine Heizungen. Im Rahmen der Modernisierung wurden die Wohnungen wieder zusammengelegt, sämtliche Wohnungen erhielten Bäder und Küchen und wurden mit Zentralheizung ausgestattet. Durch die Aufhebung der Teilung konnten nicht alle Mieter nach der Modernisierung in ihre alten Wohnungen zurückziehen. Der Sanierungsträger ASK GmbH stand der Schanze dabei zur Seite, und es wurden andere Wohnungen für diese Mieter gefunden. Zum Teil wollten die Mieter auch gar nicht zurückkehren, so daß der Verdrängungsprozeß, der damit unmittelbar einherging, nicht zu groß war. Die Schanze e.G. hatte kein Interesse an der Verdrängung der Mieter, es war jedoch unmöglich, im Zustand der Teilung vernünftige Wohnungen zu erstellen. Statt der zuvor achtzehn Wohneinheiten sind es heute noch dreizehn Wohneinheiten, d.h., in fünf Wohnungen wurde die Teilung aufgehoben, eine Wohnungsteilung existiert nach wie vor, da um eine alte Dame "herumgebaut" wurde. Die alte Dame hat die Bauarbeiten mit Fassung ertragen und die Bauarbeiter sogar zum Teil mit Kaffee versorgt, denn sie wollte auf keinen Fall das Haus verlassen.

Nach dem Ankauf der Schanzenstraße 39 a bis 45 hat die Schanze e.G.:
- im Dezember 1990 Grundstück und Gebäude der Schäferstraße 10 (viergeschossig mit ausgebautem Souterrain zur Straße gelegen), 10 a und 10 b (dreigeschossig nach hinten gelegen) angekauft
- im gleichen Monat außerdem die Klausstraße 12 (dreigeschossig und Dachgeschoß) von der SAGA angekauft
- Grundstück und Gebäude der Klausstraße 14 (dreigeschossig und Dach

geschoß) im Februar 1991 angekauft
- im Juni 1991 die Abtretung der Rechte aus dem Zwangsversteigerungsverfahren der Brigittenstraße 5 (sechsgeschossig) durch die Hamburger Sparkasse angenommen
- im August 1993 die Anhandgabe für eine Teilfläche der Kieler Strasse 650, den Langelohhof, erhalten

Bis auf das Gebäude der Schäferstraße 10, ein zur Straße gelegenes viergeschossiges Gebäude aus der Jahrhundertwende mit acht Wohneinheiten und Souterrainnutzung durch den Verein "Stadtteilbezogene Milieunahe Erziehungshilfe e.V." sind sämtliche Gebäude (Klausstraße, Schäferstraße 10 a und b, Brigittenstraße 5) für Gruppennutzungen vorgesehen, d.h., hierfur sind/werden Gesamtnutzungsverträge analog dem Nutzungsvertrag der Schanzenstraße 41 a, der im folgenden noch näher beschrieben wird, vertraglich vereinbart. Eine Ausnahme bildet die Schäferstraße 10 a. Hier sind drei Wohnungen mit Einzelnutzungsverträgen an türkische Familien vorgesehen.

Die Instandsetzung der Gebäude Klausstraße, Brigittenstraße und Schäferstraße 10 a und b erfolgt/erfolgte ebenso wie die der Schanzenstraße 41 jeweils im Rahmen des ABB-Programms. Bis zum Sommer 1994 werden sämtliche Projekte fertig instandgesetzt und in Teilen modernisiert sein. Die Projekte sind ausgestattet mit Bädern, Küchen und zentraler Heiz- und Warmwasserversorgung. Damit ist der Bestand der Schanze e.G. mit Ausnahme der Schäferstraße 10 (Vorderhaus) instandgesetzt und modernisiert. Für die Schäferstraße 10 ist geplant, ab Spätsommer 1994 mit der Vorbereitung zur Instandsetzung und Modernisierung zu beginnen.

Das Wohnhaus des Langelohhofes (Anhandgabe) ist für die Nutzung durch eine Wohngruppe vorgesehen. Die Instandsetzung erfolgt im Rahmen des ABB-Programms. Im ehemaligen Pferdestall und im Anbau des ehemaligen Hofes werden für die Kemenate e.V. (Frauenpension für von Obdachlosigkeit bedrohte Frauen) im Rahmen des Obdachlosenprogramms Räume entstehen, und im Dachgeschoß dieses Gebäudeteils werden im gleichen Programm zwei kleinere Wohnungen errichtet. An der Südgrenze des Grundstücks sollen ca. 400 qm Wohnfläche im sozialen Mietwohnungsbau (1. Förderungsweg) errichtet werden. Die Bauanträge wurden im Frühjahr 1994 gestellt.

Woher hat die Schanze e.G. eigentlich das Eigengeld?

Ohne Eigengeld läßt sich bekanntermaßen kein Grundstück und Gebäude kaufen. Ohne Eigengeld beteiligt sich keine Bank an der Finanzierung der Projekte. Wie oben beschrieben, waren zur Zeit des Ankaufs der Schanzenstraße viele Menschen und (Wohn)Projekte dieser Stadt bereit, die Schanze e.G. politisch zu stützen und finanziell zu tragen. Davon lebt die Schanze e.G. noch heute. Diese Situation war jedoch nicht beliebig zu wiederholen. Daß trotzdem weitere Ankäufe möglich waren, ist zum einen einem Geldgeber zu verdanken, der sich als stiller Gesellschafter an der Schanze e.G. für zunächst fünfzehn Jahre beteiligt. Zum zweiten konnten die nachkommenden Projekte überzeugt werden, durch Eintritt in die Genossenschaft den Ankauf ihres Objektes zu ermöglichen. Die Schanze e.G. zählt heute einhundertacht Mitglieder.

Ohne ABB-Programm wäre die Schanze e.G. nicht vorstellbar!?

Sämtlichen Ankäufen der Schanze e.G. war der Kampf gegen den Leerstand der Gebäude bzw. eine Auseinandersetzung um den Erhalt der Wohnungen vorausgegangen. Nutzergruppen forderten den Erhalt der zum Abbruch bestimmten Gebäude, Selbstverwaltung und preiswerte Mieten. Mit den beiden Gesellschaften Stattbau und Lawaetz-Stiftung waren Träger vorhanden, die das Anliegen der Wohn- und Hausgruppen, selbstverwaltete Projekte zu verwirklichen, unterstützten. Von daher liegt es nahe, daß aus den Reihen der Stattbau die Schanze e.G. geboren wurde, waren doch nicht nur Gebäude der Stadt dem Abriß preisgegeben, sondern auch Gebäude der SAGA und anderer Privateigentümer. Unter der Voraussetzung, daß der umkämpfte Leerstand mit Hilfe des ABB-Programms gefördert wurde, d.h. die Stadtentwicklungsbehörde die Förderungswürdigkeit erteilte, und daß die Privateigentümer bereit waren, ihren heruntergekommenen Bestand günstig zu veräußern, konnte die Schanze e.G. die Ankäufe von der SAGA und anderen Privateigentümern tätigen und den Haus- und Wohngruppen über einen Gesamtnutzungsvertrag die Projekte sichern.

Der Nutzungsvertrag:
Die Projekte verwalten sich selbst, die Schanze e.G. sichert sich ab.

Mit dem Gesamtnutzungsvertrag wird versucht, den Wohn- und Nutzergruppen ein hohes Maß an Autonomie und anderseits der Schanze e.G. den Erhalt der Substanz der Gebäude zu sichern.

Der Vertrag regelt im wesentlichen:
- den Vertragsgegenstand
- die Beteiligung des Vertragspartners (Verein/GbRmbH) an der Finanzierung durch Mitgliedschaft in der Schanze e.G. in der erforderlichen Anzahl und in dem erforderlichen Umfang
- daß die Schanze e.G. dem Vertragspartner (Verein, GbRmbH) den Vertragsgegenstand zur alleinigen und ausschließlichen Nutzung zu Wohnzwecken überläßt
- daß der Verein/GbRmbH die fachgerechte Instandhaltung, die Verkehrssicherungspflicht, die Verwaltung, die Betriebskosten, die Besorgung der erforderlichen Genehmigungen, den Pachtzins in vereinbarter Höhe übernimmt
- daß der Verein/GbRmbH zum Abschluß von Mietverträgen verpflichtet ist
- daß der Verein/GbRmbH für die Vertragsdauer und den in der Wirtschaftlichkeitsberechnung als Barmittel ausgewiesenen Betrag als Genossenschaftsanteil zeichnet
- daß der Zuwendungsbescheid (Finanzierung der öffentlichen Hand) Bestandteil des Vertrages ist
- die Laufzeit des Vertrages von zunächst fünfzehn Jahren mit zwei Optionen für eine Verlängerung um jeweils weitere fünf Jahre
- die Bedingungen nach Beendigung des Vertrages, nämlich daß die Schanze e.G. sich verpflichtet, den BewohnerInnen, die zum Zeitpunkt des Vertragsendes MieterIn des Vereins/ der GbRmbH sind, gleichwertige Nutzungsverträge anzubieten
- daß ein vom Verein/von der GbRmbH bestimmter Bausachverständiger in Abständen von jeweils einem Jahr den verkehrssicheren Zustand der Gebäude überprüft und hierüber einen schriftlichen Bericht an die Schanze e.G. verfaßt

Mit dem Nutzungsvertrag hat die Schanze e.G. die Verwaltung der einzelnen Gebäude in die Hände der Wohngruppen gelegt und hat in Zukunft darauf zu achten, daß der Vertragsinhalt auch eingehalten wird. Hierzu gehören vor allem die monatlichen Pachtzahlungen sowie die Einhaltung der Instandhaltungsverpflichtung. Da sämtliche Projekte 1994 fertiggestellt sind/werden (außer dem Langelohhof), gibt es hierüber noch keine

Erfahrungen. Sollte die Einhaltung der Instandhaltungsverpflichtung von seiten der Gruppen genauso ernst genommen werden wie die Zahlung der monatlichen Pacht, hat die Schanze e.G. nichts zu befürchten.

Neubauprojekte wollen mit der Schanze e.G. bauen.

Zur Zeit überlegen einige Neubauprojekte, mit der Schanze e.G. ihre Wohnvorstellungen zu verwirklichen. Auch diese Projekte sollen einen Gesamtnutzungsvertrag erhalten, damit ihnen ebenso ein hohes Maß an Autonomie und die Idee der eigenverantwortlichen Verwaltung ermöglicht wird. Bei den Neubauprojekten sind die Möglichkeiten der Selbstverwaltung des Hauses durch die BewohnerInnen jedoch nicht so günstig wie bei den ABB-Altbauprojekten, bei denen die eigenverantwortliche Verwaltung Bestandteil des Verfahrens ist. Für die Neubauprojekte bedeutet es zunächst, noch mit den zuständigen Behörden und Geldgebern zu verhandeln, damit auch in diesen Fällen ein Gesamtnutzungsvertrag akzeptiert und die Selbstverwaltung möglich wird (Förderprogramme der Wohnungsbaukreditanstalt sind familienorientiert).

Darüber hinaus wird die Schanze e.G. kleinere Projekte, finanziert mit Mitteln aus dem Obdachlosenprogramm, bauen. Ein Grundstück (im Erbbaurecht) ist ihr zur Zeit anhand gegeben. Zwei weitere Anhandgaben sind in Aussicht gestellt. In diesem Zusammenhang wird sie sich der Herausforderung stellen, Wohnen für Obdachlose oder Menschen, die von der Obdachlosigkeit bedroht sind, zu ermöglichen, ohne daß neue Gettos entstehen.

Bei all ihren Vorhaben will die Schanze e.G. kein unüberschaubarer Moloch werden, sondern sich darauf beschränken, eine professionelle Organisation zu sein, die dem Anliegen der Projekte und der einzelnen Mieter, eigene Vorstellungen zu verwirklichen, eigenständige Verwaltung umzusetzen und den Bestand zu erhalten, gerecht wird. Dies wird nicht zuletzt auch dadurch gewährleistet, daß die Gremien wie Vorstand und Aufsichtsrat auch von Projektmitgliedern besetzt sind und werden.

Mehr als ein Dach überm Kopf
Dokumente alternativer Sanierung

20 Projektdarstellungen

Billrothstraße 55

Projekt	B55 e.V. Billrothstraße 55 22767 Hamburg
Rechtsform	Eingetragener Verein
Eigentums- verhältnisse	Die türkisch-deutsche Hausgemeinschaft, zusammengeschlossen im Verein B55 e.V., hat das Haus 1991 in Erbbau übernommen und verwaltet es seitdem selbst
Gebäude	Dreigeschossiges Wohngebäude, um 1860 erbaut
Sanierung	Die Sanierung wurde im bewohnten Haus durchgeführt Planung: 1989 Baumaßnahme: Frühjahr 1990 - Herbst 1991
Größe	528 qm Wohnfläche, 6 Wohneinheiten, 16 Personen
Baukosten	ca. DM 1.019.000,- (inkl. Selbsthilfe)
Eigenleistung	DM 175.000,- handwerkliche Selbsthilfe; DM 114.000,- Fremdmittel
Förderung	STEB, ABB-Programm: DM 722.000,- Denkmalschutz: DM 8.000,-
Architektur	Planerkollektiv Günter Trommer Paulinenallee 32 20259 Hamburg
Baubetreuung	Lawaetz-Stiftung, Gisela Zeisberg, Frido Röhrs

Türkisch-deutsche Hausgemeinschaft

In der Regel wird über das ABB-Programm leerstehender Wohnraum unter Einbeziehung von handwerklicher Eigenleistung wieder instandgesetzt und erst anschließend bewohnt. Aufgrund der zunehmenden Wohnungsnot ist dies in der Billrothstraße 55 anders gelaufen: Hier ist es einer türkisch-deutschen Mieterschaft, die bereits seit 1984 zusammenwohnt, gelungen, ihr Haus durch viel Eigeninitiative vor dem Abriß zu bewahren und sich langfristig preiswerten Wohnraum zu sichern.

Das Haus in der Billrothstraße 55 gilt als das älteste noch erhaltene Wohnhaus in der Umgebung. Erbaut wurde es um 1860 im Zuge der Nord-West-Erweiterung Altonas in einem damaligen "Neubaugebiet". Seine Bezeichnung als "Dänisches Offiziershaus" (Timm 1987*) verweist auf ein Bauwerk für gehobene Stände mit entsprechender Weiträumigkeit.
Als historisch wertvoll eingeschätzt, unterliegt es der Denkmalpflege, wurde aber nicht unter Denkmalschutz gestellt.

Bis 1978 war das Haus Billrothstraße 55 voll bewohnt. Der Verfall des Hauses ließ jedoch seinen Wohnwert immer weiter sinken; es kam zu Auszügen, bis schließlich 1979/80 nur noch ein Mieter dort wohnte. Der Versuch einer Hausbesetzung im November 1981 wurde sofort polizeilich beendet. Die Ansichten über eine weitere Nutzung oder Nichtnutzung klafften weit auseinander: In der Debatte waren sowohl ein Asylbewerberheim als auch der Abriß.
Erst als die SAGA (städtische Wohnungsgesellschaft) die Verwaltung übernahm und 1981 einige Reparaturarbeiten durchführte, zogen nach und nach wieder Mieter ein, die letzte Mietpartei 1985. Fast alle Mieter, diesmal ausländische Familien und eine Frauenwohngemein-

schaft, kannten sich bereits aus dem Haus, in dem sie vorher gewohnt hatten und aus dem sie wegen Abriß ausziehen mußten.

Diese gemeinsame Geschichte war sicherlich ein guter Ansatzpunkt für die Hausgemeinschaft, aktiv und abgestimmt eigene Möglichkeiten zur Verhinderung eines weiteren Verfalls und damit letztlich eines Abbruchs des Hauses zu entwickeln.
Anfang 1988 nahmen die MieterInnen der Billrothstraße 55 Kontakt zur Lawaetz-Stiftung auf. Nach umfänglichen und zeitweise auch schwierigen Abstimmungen, immer unter Einbeziehung eines Dolmetschers, entschieden sich die BewohnerInnen schließlich zu einer Instandsetzung nach dem ABB-Programm.
Die je zur Hälfte deutschen und ausländischen Mietparteien schlossen sich dazu im Verein B 55 e.V. zusammen.
Ziel der Sanierung war neben einer grundlegenden Instandsetzung des in der Substanz stark angegriffenen Gebäudes vor allem die Wiederherstellung des durch Schwamm zerstörten und nicht mehr nutzbaren Keller- und Erdgeschosses.
Eine große Belastung stellte für dieses Projekt der programmatisch vorgeschriebene Selbsthilfeanteil dar, da alle Hauptmieter voll berufstätig waren. Besonders gefordert waren dabei wiederum die türkischen Familienvorstände, da sie zum einen in Wechselschicht arbeiteten und zum anderen aus Gründen der traditionellen Rollenteilung die Selbsthilfe für ihren Haushalt überwiegend allein erbringen mußten. Allen Befürchtungen zum Trotz wurde die notwendige Selbsthilfe komplett erbracht.
Das Wohnen auf der Baustelle gestaltete sich schwieriger als erwartet, weil sich erst im Zuge der Sanierungsmaßnahme das ganze Ausmaß des Schwammbefalls zeigte und umfassende Eingriffe notwendig machte. Umsetzungswohnungen standen nicht zur Verfügung. Hier waren auch die Projektarchitekten besonders gefordert: "Ronald, ein Architekt muß hart sein wie ein Stein" war ein Kommentar einer zwölfjährigen türkischen Tochter eines Selbsthelfers im Zuge von Koordinierungsarbeiten mit Fachfirmen.

Bei der Instandsetzung wurde durchgehend darauf geachtet, daß der Charakter des "Dänischen Offiziershauses" erhalten und in Teilbereichen sogar wiederhergestellt wurde. So wurden beispielsweise die Holzfenster mit

Sprossen zur Straßenseite nachgebaut, eine Maßnahme, die vom Denkmalschutz gefördert wurde. Auch Farbe und Qualität des Fassadenanstriches wurden mit dem Denkmalschutz abgesprochen.

Nach der Sanierung hat die türkisch-deutsche Hausgemeinschaft ihr Haus in Erbbau übernommen und regelt nun ihre Angelegenheiten in Selbstverwaltung.

(Gisela Zeisberg)

„Historisch besonders wertvoll"

ALTONA. Dieses Haus in Billrothstraße 55 aus dem Jahr 1859 wird als Zeugnis ischer Baukultur und hisch besonders wertvoll eschätzt. Es ist das ältech bestehende Wohn- aus der Zeit Ablehnung unseres Antrages bedeutet den weiteren Verfall dieses Hauses. St... Jürgen Beckmann (CDU) auf Befra... zu diesem ... Ablehnun... strukt... Nutzen habe... ... ätz alter...

*Timm, Christoph: Altona - Altstadt und - Nord, Hamburg 1987

B5 (Brigittenstraße 5)

Projekt	Speidel e.V. Brigittenstr. 5 20359 Hamburg
Rechtsform	Eingetragener Verein
Eigentums- verhältnisse	Eigentümer ist die Wohnungsbaugenossenschaft Schanze e.G. Die Altmieter des Hauses waren bereits zu einem Bewohnerverein Speidel e.V. zusammengeschlossen. Der Verein hat das Gebäude über einen Gesamtnutzungsvertrag von der Schanze e.G. angemietet
Gebäude	Sechsgeschossiges Wohnhaus aus den Anfängen des 20. Jahrhunderts
Sanierung	Beginn der Planungen 1993, Umbauarbeiten 1993/1994 (Fertigstellung Sommer 94)
Größe	Förderungsfähige Gesamtfläche 825 qm. Davon sechs Wohneinheiten mit zusammen 666 qm Nutzfläche und ein halböffentlicher Gemeinschaftsraum im EG (236 qm), der teilweise als Kultur- und Veranstaltungsraum genutzt wird Die Grundstücksgröße beträgt 285 qm
Baukosten	1.574.000,- DM (inkl. Selbsthilfe)
Eigenleistung	238.000,- DM handwerkliche Selbsthilfe (u.a. die kompletten Heizungsbauarbeiten)
Förderung	ABB-Programm, Umweltbehörde (Gründach)
Architektur	Hans-Georg Grzelewsky Büro Querkraft Veilchenstieg 29 22529 Hamburg
Bauleitung	Mirko Jovanovic
Baubetreuung	Stattbau Hamburg GmbH, Reiner Schendel

Wenn zwei sich streiten, freut sich der Dritte

Bevor das Haus von der Schanze e.G. gekauft und im Rahmen des ABB-Programms instandgesetzt wurde, hatte es eine komplizierte Vorgeschichte: Das Haus war ursprünglich ein Zweispänner mit einem zentralen Treppenhaus. Die rechte Hälfte des Hauses wurde im Krieg beschädigt und komplett abgerissen. Das Treppenhaus und die linke Hälfte blieben stehen. Das Haus war in einem renovierungsbedürftigen Zustand und komplett an Wohngemeinschaften vermietet.

Das Haus war im Besitz von zwei Eigentümergemeinschaften, die folgenden Plan umsetzen wollten: Der Altbau sollte renoviert, und die fehlende Hälfte des Hauses sollte als Neubau wiedererrichtet werden. Alle Wohnungen sollten als Eigentumswohnungen verkauft werden. Nach Umwandlung und Neubau sollte eine Eigentümergemeinschaft den Altbau und eine Hälfte des Grundstücks und die andere den Neubau und die andere Hälfte des Grundstücks erhalten. Dieser Plan wurde bis zur Erteilung einer Baugenehmigung vorangetrieben und die Umwandlung der vorhandenen und auch der geplanten Wohnungen zu Eigentumswohnungen vorgenommen. Die Zuständigkeiten der beiden Eigentümergemeinschaften wurden in der Teilungserklärung festgelegt. Doch dann entwickelte sich das Vorhaben in eine andere Richtung: Die für den Altbau zuständige Eigentümergemeinschaft bekam finanzielle Schwierigkeiten, und die Kooperation mit der für den Neubau zuständigen Gemeinschaft war beendet. Es kam zur Zwangsversteigerung des Altbauteils, und die Hamburger Sparkasse (Haspa) als Hauptgläubiger machte, nachdem sich kein Käufer finden ließ, von ihrem Erststeigerungsrecht Gebrauch. Der Preis hierfür lag erheblich unter dem Schätzwert des Sachverständigen.

Spekulanten in die Elbe = Speidel e.V.

Die MieterInnen des Hauses hatten all diese Vorgänge verfolgt und begannen sehr frühzeitig, ihre Interessen zu formulieren. Sie gründeten dafür den Verein Speidel e.V. (= Spekulanten in die Elbe) und machten imposant deutlich, daß sie einem Verkauf des Hauses zu Spekulationszwecken und damit ihrer eigenen Vertreibung nicht zustimmen würden. Nicht zuletzt dieses energische Auftreten und die eindrucksvolle Teilnahme an der Zwangsversteigerung führten

dazu, daß sich kein privater Investor fand, um ein Kaufangebot abzugeben.
Die Haspa ihrerseits hatte als zukünftige Eigentümerin des Hauses nun kein Interesse, als Spekulantenunterstützer und Mietervertreiber in der Öffentlichkeit dazustehen, und bot dem Verein Speidel e.V. an, das Erststeigerungsrecht abzukaufen.
Der BewohnerInnenverein nahm daraufhin Kontakt zu der Schanze e.G. auf, und es wurde ein Konzept für Ankauf und Instandsetzung entwickelt. Dieses Konzept sah folgendermaßen aus:
Die Schanze erwirbt das Gebäude von der Haspa. Der BewohnerInnenverein erhält von der Schanze e.G. einen langfristigen Nutzungsvertrag und ist für die gesamte Verwaltung und Instandhaltung des Hauses zuständig. Von den BewohnerInnen und diversen Freunden und Bekannten wurden für den Ankauf Genossenschaftsanteile in die Schanze e.G. eingebracht. Damit war das nötige Eigenkapital zum Ankauf vorhanden. Der Rest wurde über ein Darlehen der Ökobank aufgebracht.

Mitte 1991 wurde dann der Vertrag über die Abtretung des Erststeigerungsrechtes zwischen Schanze e.G. und Haspa abgeschlossen.
Ende 1991 wurden die Anträge auf Förderung des Projektes im ABB-Programm gestellt. Anfang 1992 lag die Bewilligung vor.
Für Planungen, Baugenehmigung und Ausschreibungen verging noch einmal ca. ein Jahr, so daß Anfang 1993 die Bauarbeiten begannen. Im Frühjahr 1994 wurden die Bauarbeiten beendet.
Ziel des Projektes ist es, preiswerten Wohnraum für gemeinschaftliche Wohnformen zu erhalten. Bäder, WCs, Küchen und Sammelheizung sind im Bestand vorhanden und werden instandgesetzt. Als zusätzliche Modernisierung wurden nur die Balkone etwas vergrößert, und es wurde ein Fernwärmeanschluß hergestellt.

Halböffentlicher Gemeinschaftsraum

Das Gebäude wird für fünfundzwanzig Personen hergerichtet, die in den fünf Obergeschossen in fünf Wohngemeinschaften zusammen wohnen. Da in den Wohnungen die Belegung recht eng ist, wird als Ausgleich dafür das Erdgeschoß als Gemeinschaftsraum genutzt. Dieser Raum ist allen BewohnerInnen zugänglich und kann für gemeinsame oder individuelle Betätigungen genutzt werden. Die BewohnerInnen sind bestrebt, auch in den Stadtteil hineinzuwirken und die nachbarschaftlichen Beziehungen zu verstärken. Zu diesem Zweck wird der Raum auch gelegentlich für sozio-kulturelle Veranstaltungen des Stadtteils genutzt.

In diesem Projekt wurden die seit 1992 gültigen, geänderten ABB-Richtlinien erstmals angewandt. Sie bedeuteten auf der einen Seite zwar höhere zuwendungsfähige Gesamtkosten (2.000,- DM/qm) hatten aber auch eine Selbsthilfeleistung von 285,- DM/qm zur Folge, die die Gruppe aufbringen mußte. Obwohl zu Beginn von vielen Seiten Zweifel aufkamen, ob dies überhaupt zu schaffen sei, wurde die Eigenleistung erbracht, allerdings mit einem Einsatz der Bewohner, der oft an die Grenzen des Machbaren reichte. Möglich wurde dieser Einsatz auch, da einige BewohnerInnen handwerklich sehr versiert waren. So wurden z.B. die gesamten Sanitär- und Heizungsarbeiten in Selbsthilfe erbracht.

(Reiner Schendel)

Fuhlsbütteler Straße 777 a+b

Projekt	Eibajalla e.V. Stahltwiete 12 22761 Hamburg
Rechtsform	Eingetragener Verein
Eigentums- verhältnisse	Eigentümerin: Freie und Hansestadt Hamburg Verwalterin: Lawaetz-Stadtentwicklungs GmbH
Gebäude	Zweigeschossiges Terrassengebäude, Zweispänner zwei Hauseingänge, Baujahr 1890
Sanierung	Wird im teilbewohnten Haus durchgeführt Planung: 1992/93 Baumaßnahme: Frühjahr 1994
Größe	436 qm Wohn- und Nutzfläche, 6 Wohneinheiten, 14 BewohnerInnen
Baukosten	DM 1.066.000,- (inkl. Selbsthilfe)
Eigenleistung	DM 78.000,- handwerkliche Selbsthilfe
Förderung	Voraussichtlich STEB, ABB-Programm: DM 988.000,- (inkl. STEB-Extra-Zuschuß für Altmieter DM 135.000,-)
Architektur	A+S, Architekten und Stadtplaner Dipl.-Ing. Bejo Rob Schillerstraße 29 22767 Hamburg
Baubetreuung	Lawaetz-Stiftung, Ulrich Wienand, Pit Hiemstra

Unterschiedliche Lebensstile unter einem Dach vereint

Das Regularium des ABB-Programms sieht vorzugsweise die Sanierung leerstehender Altbauten vor. Die Vorteile einer solchen Vorgehensweise sind schnell aufgezählt: Durch die massiven bautechnischen Eingriffe oder Veränderungen werden keine Bewohner gestört; Fachfirmen und Selbsthelfer haben überall freien Zugang, die Baukostenentwicklung ist genauer zu steuern, die gesamte Bauphase kürzer. Kurzum - ein Leerstand ist einfach zeit- und arbeitsökonomisch besser zu bewältigen.

Bei der anstehenden Sanierung des Terrassengebäudes in der Fuhlsbütteler Straße a+b am Ohlsdorfer Friedhof müssen wir davon abweichend die Sanierung in einem teilbewohnten Haus durchführen.

Eine Gebäudehälfte stand seit ca. drei Jahren leer, da die städtische Wohnungsgesellschaft SAGA beschlossen hatte, das Haus zu entmieten und abzureißen. Durchgesetzt hat sich aber schließlich doch die "Erhaltungsfraktion". So bekam die Lawaetz-Stiftung im Frühjahr 1991 den Zuschlag zur Sanierung nach dem ABB-Programm.

Die Entmietungspolitik überdauert haben vier Mietparteien internationalen Zuschnitts, die über das Haus verstreut wohnen.

Da die Mehrheit der Altmieter berufstätig ist oder sich in einer Lebenssituation befindet, in der eine umfassende handwerkliche Selbsthilfe nur schwer zu bewältigen wäre, wurde den "Alt"-MieterInnen der Umfang ihrer Selbsthilfe freigestellt. Alternative ist die entsprechende Kapitalisierung über die Miete. Ferner mußte eine geeignete rechtliche Form (in der Regel ein eingetragener Verein) gefunden werden, sowie weitere Personen, die bereit waren, in den leerstehenden Trakt zu ziehen.

Die Lawaetz-Stiftung hatte Kontakt zu einer Gruppe (im Verein Eibajalla organisiert), die in dem zentraler gelegenen Stadtteil Eimsbüttel auch über Besetzungen versucht hatte, erhaltenswerten

Altbaubestand vor Spekulantenzugriffen (und damit vor Abriß) zu bewahren, und der daher die Alternativsanierung mit Hilfe des ABB-Programms bekannt war. Über polizeiliche Räumungen wurden diese Ansätze letztlich immer wieder vereitelt, und die privaten Kapitalinteressen konnten sich durchsetzen. Da die "Eibajallas" intensive Stadtteilarbeit in Eimsbüttel betrieben und ein intensives Netz von Kontakten aufgebaut hatten, konnten sie sich eher der Not gehorchend und nur zögerlich für das Gebäude Fuhlsbütteler Str. 777 a+b erwärmen, erkannten aber bei näherer Betrachtung durchaus seinen Reiz. Zurückblickend war es eine komplizierte Koordinierungsaufgabe, aus einer heterogenen, eher unpolitischen Altmieterschaft und einem szenenahen, selbstbewußten Verein eine "Gemeinschaft" zu bilden. Anfänglich durch "Schnupperkurse", dann aber auch in langen, intensiven Debatten, konnten die unterschiedlichen Interessenlagen geklärt und in einem Gesamtnutzungskonzept zusammengefaßt werden. Die Altmieterschaft war dabei zu sehr weitreichenden Kompromissen bereit (z.B. wollen die drei Mietparteien des Hauses A zu der im Haus B alleine wohnenden Mietpartei wechseln, damit den zukünftigen Neumietern als Wohngruppe dann das Haus A zur Verfügung steht).

Die "Eibajallas" (also die zukünftigen Neumieter) ihrerseits nahmen alle Altmieter in den Verein auf, so daß die Lawaetz-Stadtentwicklungs GmbH einen rechtsfähigen Hauptmieter als Ansprechpartner hat, der für das Gesamtprojekt spricht.

Die für das Projekt beantragten Sanierungsmittel stehen seit April 1994 zur Verfügung. Damit steht unserem Ziel, dem Erhalt preiswerten Wohnraumes für sozial Schwache - diesmal in der Nachbarschaft zwischen Trauerfloristik und Grabsteinmetzen -, nichts mehr im Wege.

(Pit Hiemstra)

Gesindehaus Karlshöhe

Projekt	Integratives Wohnen e.V. Gesindehaus Karlshöhe Karlshöhe 60 b 22175 Hamburg
Rechtsform	Eingetragener Verein
Eigentums- verhältnisse	Eigentümerin: Freie und Hansestadt Hamburg Verwalterin: Lawaetz-Stadtentwicklungs GmbH
Gebäude	Dreigeschossiges Gebäude mit Holzverblendung, um 1900 erbaut
Sanierung	Planung: 1990 Baumaßnahme: Sommer 1991 bis Winter 1993
Größe	473 qm Wohn- und Nutzfläche, 1 Wohneinheit, 14 Personen
Baukosten	DM 907.000,- (inkl. Selbsthilfe)
Eigenleistung	DM 91.000,- handwerkliche Selbsthilfe
Förderung	STEB, ABB-Programm: DM 648.000,- Behörde für Arbeit, Gesundheit und Soziales (BAGS): DM 168.000,- (Darlehen)
Architektur	U. Feierabend Schulterblatt 26-36 20357 Hamburg
Baubetreuung	Lawaetz-Stiftung, Gisela Zeisberg, Harald Gerke

Behinderte schaffen sich eine Wohn- und Arbeitsperspektive

Träger des Wohn- und Arbeitsprojektes Gesindehaus Karlshöhe ist der Verein Integratives Wohnen e.V. Der Verein betreut seit über dreizehn Jahren drei Wohngruppen, in denen sehgeschädigte junge Menschen für eine begrenzte Zeit zusammenleben, bis sie in der Lage sind, ein selbständiges Leben zu führen. Mit dem Projekt Gesindehaus Karlshöhe hat der Verein seine bisherige Arbeit durch einen qualitativ anderen Ansatz erweitert: Hier wurde eine Langzeit- bzw. Lebensgemeinschaft für Menschen im Eingangsalter von siebzehn bis fünfunddreißig Jahren geschaffen, die eine geistige Behinderung haben und/oder sehgeschädigt sind und/oder psychische/soziale Verhaltensauffälligkeiten zeigen und die bereit sind, unbefristet in einer Wohngruppe zu leben. Zur begleitenden Unterstützung dieses Selbstorganisationsprozesses wird eine ambulante Betreuung angeboten.
Standort dieses Wohn- und Arbeitsprojektes ist das erste Hamburger Umweltzentrum, das mit Unterstützung der Umweltbehörde auf dem ehemaligen Staatsgut Karlshöhe in Bramfeld entstanden ist. Der Trägerverein "Umweltzentrum Karlshöhe", der sich aus sechs Vereinen zusammensetzt, betreibt dort einen Landschaftspflegehof.
Eine Besonderheit des Projektes Gesindehaus Karlshöhe ist die Aufhebung der klassischen Trennung von Wohnen und Arbeiten, denn auf dem Gelände des Umweltzentrums ist auch der Aufbau einer Staudengärtnerei mit ca. 15 Dauerarbeitsplätzen für behinderte Menschen geplant.

Die Integration des Wohn- und Arbeitsprojektes in dieses Gesamtkonzept bietet vielfältige Verknüpfungsmöglichkeiten und wirkt so einer Isolierung der Behinderten entgegen. Von Vorteil ist es sicherlich auch, daß die Arbeit im landwirtschaftlichen Bereich noch als Sinnganzes zu erfahren ist und die einzelnen Arbeitsprozesse nach Schwierigkeitsgrad und Komplexität auf den einzelnen abgestimmt werden können. Von der Konzeptidee bis zur Umsetzung des Projektes vergingen allerdings fünf Jahre. Als wesentliches Hindernis erwies sich, daß die vom Verein "Integratives Wohnen e. V." beanspruchte Fläche noch nicht im Rahmen eines Bebauungsplanes festgeschrieben war und es daher Vorbehalte im Bezirk gab. Aber auch die geplante Finanzierung über ABM-Vergabe ließ sich nicht verwirklichen, da es keine ausreichenden Anschlußarbeiten im Bezirk gab.

Als sich die Umsetzung des Projektes immer weiter hinauszögerte und schließlich nicht mehr gesichert schien, mietete der Verein in Verpflichtung gegenüber der bereits bestehenden Behindertengruppe ein Ersatzobjekt in einem anderen Stadtteil an. Dort fehlten allerdings die notwendigen Voraussetzungen für das Arbeitsprojekt.

Die festgefahrene Situation änderte sich erst Anfang 1990, als über eine Senatsdrucksache entschieden wurde, die Flächen des Umweltzentrums in den Bebauungs- und Grünflächenplan des Stadtteils Bramfeld einzubeziehen und zu sichern.
Nun wurde ein neuer Finanzierungsansatz über das ABB-Programm entwickelt. Nach einer Wetterfestmachung des seit Jahren entmieteten Gebäudes konnte Mitte 1991 mit der Baumaßnahme begonnen werden. Die handwerkliche Selbsthilfe wurde von den Behinderten im Rahmen ihrer Möglichkeiten und von den Betreuern gemeinsam geleistet.

Neben der Umsetzung eines neuen inhaltlichen Konzeptes ist es mit diesem Projekt gelungen, ein ungewöhnliches Haus mit Fachwerkfassade zu erhalten, das ehemals als Gesindehaus genutzt wurde und zusammen mit dem Herrenhaus, der Scheune und den Ställen das Gutsensemble bildet.

(Gisela Zeisberg)

Große Brunnenstraße 55a

Projekt	Große Brunnenstraße 55 a e.V. Große Brunnenstr. 55 a 22763 Hamburg
Rechtsform	Eingetragener Verein
Eigentums- verhältnisse	Das Kneipenkollektiv Subotnik GmbH hat die ehemalige Fischräucherei 1989 von einem privaten Eigentümer angemietet und vermietet nach Fertigstellung den ausgebauten Wohnraum in den beiden oberen Geschossen an den Verein "Große Brunnenstraße 55a e.V."
Gebäude	Dreigeschossiges Fabrikgebäude (ehemalige Fischräucherei, erbaut 1890)
Sanierung	1. Bauabschnitt: Kneipenprojekt August 1989 bis Sommer 1992 (Kneipen- eröffnung) 2. Bauabschnitt: Wohnprojekt August 1992 bis Juli 1994
Größe	325 qm Wohnfläche, 1 Wohneinheit, 10 Personen, überwiegend im Kneipenprojekt beschäftigt 270 qm Gewerbefläche für das Kneipenprojekt
Baukosten	1. Bauabschnitt (Kneipenprojekt): DM 400.000,- 2. Bauabschnitt (Wohnprojekt): DM 936.000,- (inkl. Selbsthilfe)
Eigenleistung	Kneipenprojekt: Das Subotnik-Kollektiv hat den Um- und Ausbau des Erdgeschosses zur Kneipe nahezu vollständig in Eigenleistung durchge- führt. Wohnprojekt: DM 185.000,- handwerkliche Selbsthilfe
Förderung	Kneipenprojekt: Existenzgründungsfinanzierung über den Darlehensfonds für selbstverwaltete Betriebe; Wohnprojekt: STEB, ABB-Programm: DM 751.000,-
Architektur	Werkplan, Claudia Burkard Louise-Schröder-Str. 31 22767 Hamburg
Baubetreuung	Lawaetz-Stiftung, Gisela Zeisberg, Ulrich Wienand

Ein Stück Szene in Ottensen
Wohnen und Kneipen in einer ehemaligen Fischräucherei

Die ehemalige Fischräucherei in der Großen Brunnenstraße 55 a liegt in einem Teil Ottensens, in dem sich durch die unregulierte Verdichtung in der zweiten Hälfte des 19. Jahrhunderts eine sehr heterogene Bau- und Nutzungsstruktur entwickelt hat.
In unmittelbarer Nachbarschaft zur Wohnbebauung gibt es Industriebrachen, die sich nach dem Niedergang der alten Industrien (Metall, Fisch, Kosmetik, Glas) gebildet haben.

Das Gebäude der ehemaligen Fischräucherei Ermel wurde 1890 im Zuge der Verdichtung der ehedem vorwiegend landwirtschaftlich genutzten Flächen im Westen Ottensens errichtet. Infolge jahrelangen Leerstandes und dementsprechender Durchfeuchtungen wurden Statik und Konstruktion dieses Gebäudes in so starkem Maße beeinträchtigt, daß ein Erhalt schließlich fraglich erschien. Äußerlich glich das Gebäude einer Ruine.

Dies hat jedoch das Kollektiv "Subotnik" nicht davon abgehalten, dieses Gebäude von dem privaten Eigentümer auf eigenes Risiko anzumieten. In Eigenleistung setzten die Projektmitglieder das Erdgeschoß instand, um dort eine selbstverwaltete Kneipe als Existenzgrundlage für die überwiegend arbeitslosen Projektmitglieder einzurichten. Konzeptionell und finanziell ist das Kneipenprojekt von der Beratungsstelle für örtliche Beschäftigungsinitiativen der Lawaetz-Stiftung beraten und über den Existenzgründungstopf für selbstverwaltete Betriebe gefördert worden.
Obwohl das Projekt nahezu alle handwerklichen Arbeiten selbst ausführte, geriet es allein durch die Materialkosten an die Grenzen seiner finanziellen Belastbarkeit. Durch die besondere Verknüpfung des Arbeitsauftrages - Wohnen und Arbeiten - bei der Lawaetz-Stiftung konnte die Gruppe im Sanierungsbereich auch über die Möglichkeiten einer öffentlichen Förderung von Instandsetzung und Umnutzung beraten werden.

Während "Subotnik" die baulichen Maßnahmen im Erdgeschoß in einem Umfang von ca. DM 400.000,- ohne finanzielle Unterstützung fertiggestellt hat, wird der Ausbau des Gewerberaums zu Wohnzwecken in den beiden oberen

Doch Sanierung

■ Die ehemalige Fischräucherei in der **Großen Brunnenstraße 55** wird mit Geldern der Stadtentwicklungsbehörde wieder bewohnbar gemacht. Wie die taz am Dienstag berichtete, hatte ein Nutzerverein von der Behörde über 700 000 Mark gefordert, um in dem halbverfallenen Hinterhof-Gebäude in Ottensen Wohnraum für neun Menschen zu errichten.

TAZ 26.06.92 taz

Geschossen über das ABB-Programm gefördert. Durch Dachgeschoßaufstockung wird Wohnraum für insgesamt zehn Projektmitglieder geschaffen werden, die sich zu dem Verein "Große Brunnenstraße 55 a" zusammengeschlossen haben.

Da es sich um einen Gewerbebau handelte, mußte im Zuge der Sanierung die gesamte Infrastruktur für Wohnzwecke geschaffen werden. So sind enorm hohe Baukosten entstanden, vergleichbar denen eines Neubaus. Nur durch große Flexibilität und hohen Einsatz aller Beteiligten konnte die Baumaßnahme trotzdem durchgeführt werden. Die Stadtentwicklungsbehörde förderte mit einem deutlich erhöhten Förderbetrag; die Gruppe leistete wesentlich mehr als die sonst übliche Selbsthilfe.

Der mit dem privaten Eigentümer abgeschlossene Mietvertrag konnte angesichts der umfassenden Instandsetzung des Gebäudes durch die Gruppe auf über zwanzig Jahre verlängert werden.

Die Kneipe wurde im Sommer 1992 eröffnet und ist schnell zu einem beliebten Treffpunkt, besonders für junge Leute aus dem Stadtteil, geworden. Dies war durchaus zu erwarten, da die KneipenbetreiberInnen überwiegend aus Altona/Ottensen kommen, dort vorher schon eine Kneipe geführt hatten und in vielfältigen Zusammenhängen aktiv sind.

(Gisela Zeisberg)

Große Brunnenstraße 63 a

Projekt	F 91 e.V. Große Brunnenstraße 63 a, III. Stock 22763 Hamburg
Rechtsform	Eingetragener Verein
Eigentums- verhältnisse	Privater Eigentümer, der dem Verein die Fabriketage mit einem Gesamtmietvertrag für die Nutzung als Wohnraum überlassen hat. Vertragsdauer zehn Jahre mit einer Option für weitere zehn Jahre
Gebäude	Drittes Obergeschoß eines viergeschossigen Industriegebäudes mit z.T. bestehender gewerblicher Nutzung (Buchbinderei, Büroräume). Das zweite und dritte Obergeschoß werden zu Wohnzwecken genutzt
Sanierung	Beginn der Planungen Ende 1990, Fertigstellung Anfang 1994
Größe	Die förderungsfähige Fläche betrug 330 qm. Auf der Etage befinden sich weitere Atelierräume (ca. 200 qm), die von den Bewohnern genutzt werden, aber nicht in diesem Programm gefördert wurden.
Baukosten	544.000,- DM (inkl. Selbsthilfe)
Eigenleistung	144.000,- DM handwerkliche Selbsthilfe
Förderung	ABB-Programm
Architektur	Thorsten Reinicke, cand. arch. Geibelstr. 62 22303 Hamburg
Baubetreuung	Stattbau Hamburg GmbH, Ulrich Thormann, Reiner Schendel, Brigitte Baatz

Neue Nutzungen in alten Fabrikhallen

Das Projekt F 91 liegt im oberen Geschoß eines ursprünglich ausschließlich industriell genutzten Hinterhofgebäudes inmitten von Ottensen, einem Stadtteil in Altona, der in den letzten Jahrzehnten durch sich stark verändernde Stadtstrukturen geprägt ist. Der Rückgang bzw. das Aussterben der großen industriellen Betriebe, die u.a. Schiffsschrauben, Bagger und Heizungen herstellten, hat zur Folge, daß die ehemaligen Fabrikgebäude einer neuen "alternativen" Nutzung zugeführt werden. Auch das hier beschriebene Gebäude ist von dieser Umstrukturierung betroffen. So war im Erdgeschoß das Theater "Scala" untergebracht, das sich leider finanziell nicht halten konnte, mit einem dazugehörden Theaterrestaurant "Scalatti". Auf dem Hof befindet sich in einem Flachbau das Frauenmusikzentrum.
Die Mitglieder des Vereins F 91 hatten die Industrieetage Ende der 80er Jahre entdeckt, sie angemietet und sie dann eher provisorisch als Atelier- und Wohnräume eingerichtet. Wegen der unzumutbaren und unsicheren Rahmenbedingungen hatte sich dann die Gruppe an Stattbau gewandt. Gemeinsam wurde ein ABB-Förderungsantrag gestellt, denn die Etage mit ihrer Großzügigkeit und ihrer guten Belichtung eignete sich hervorragend zur Umnutzung in Wohn- und Atelierräume.

Mit großem Elan sind ab 1990 die Mitglieder des Verein F 91 zusammen mit dem Architekten Thorsten Reinicke an die Realisierung des Projekts gegangen. Nach ca. dreieinhalb Jahren Vorbereitung, Organisation und Baudurchführung mit umfangreicher Selbsthilfe ist das Projekt schließlich 1993 fertiggestellt worden, und es kann als eines der schönsten ABB-Projekte in Hamburg bezeichnet werden.

Architektur als künstlerische Gestaltung von Räumen

Das Besondere des Projektes liegt neben den umfangreichen Sanierungs-, Modernisierungs- und Selbsthilfeleistungen in dem gemeinsam getragenen Interesse aller Bewohner an der architektonischen und künstlerischen Gestaltung des Projektes. Der Mittelflur, von dem die Wohnräume (35 bis 40qm) abgehen, hat leicht gebogene Wände; der Gemeinschaftsraum und die Küche sind in der Mitte querliegend dazu angeordnet, lichtdurchflutet und mit Aussicht in entgegengesetzte Himmelsrichtungen über die Dächer von Ottensen und Altona. Alle Gemeinschaftsräume sind mit großer Liebe zum Detail eingerichtet. Im Bad wurden die Fliesen künstlerisch als Mosaik gestaltet. Die Flure haben über eine Reihe von matten Glasbausteinen indirektes Licht und wie in der Küche einen sehr aufwendig im Muster verlegten Natursteinfußboden aus recycletem Material. Die Zimmertüren stammen aus Abbruchhäusern und wurden aufwendig wiederaufgearbeitet. Die größeren Räume wurden zur Differenzierung mit Holzpodesten ausgestattet. Im Eingangsflur entsteht z.Z. in ca. viereinhalb Meter Höhe ein Deckengemälde.

Insgesamt ist zu spüren, daß die Gruppe mit sehr viel Lust und Spaß an die Umgestaltung und Einrichtung ihrer Räume gegangen ist. Dies hat zur Folge, daß häufiger Besuchergruppen sich diese attraktiven Räumlichkeiten anschauen, wie zuletzt eine Gruppe aus Japan, die an einem Stadtteildialog Ottensen-Mukojima (Tokio) teilnimmt und besonders über die Großzügigkeit der Räume - für japanische Verhältnisse unvorstellbar - erstaunt war.

(Ulrich Thormann)

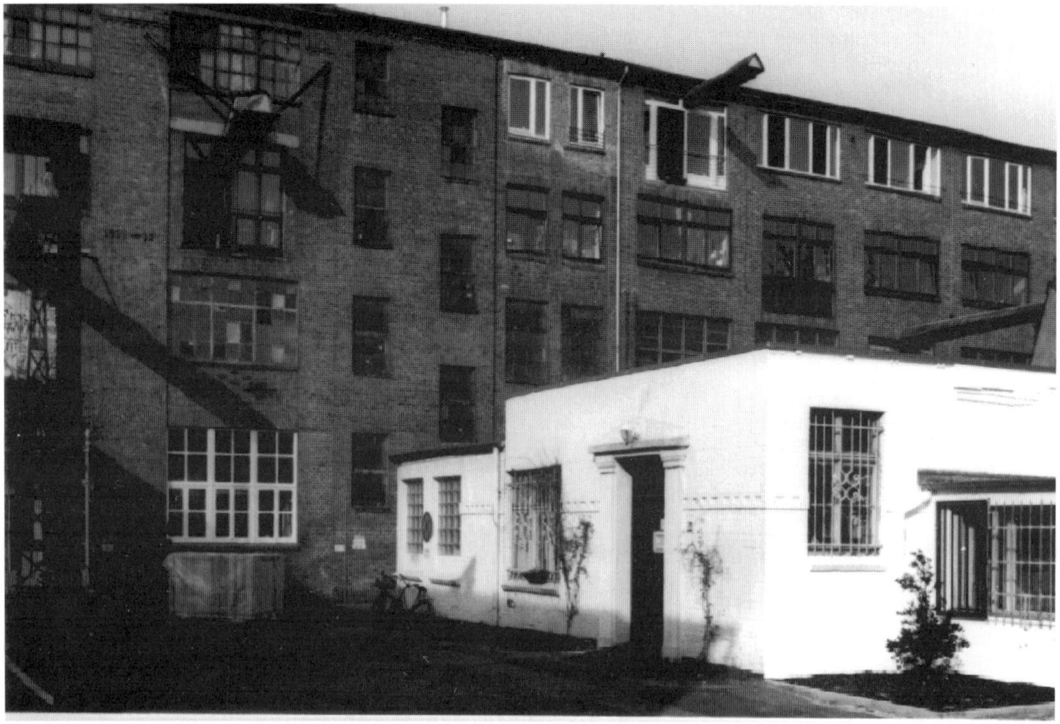

Große Freiheit 73/75

Projekt	Große Freiheit e.V Große Freiheit 73-75 22767 Hamburg St. Pauli
Rechtsform	Eingetragener Verein
Eigentums- verhältnisse	Der Verein hat für das Objekt ein fünfzigjähriges Erbbaurecht von der Stadt erworben
Gebäude	Die beiden zweigeschossigen Häuser wurden von 1749 bis 1772 erbaut und dienten der mennonitischen Gemeinde als Pfarrhaus
Sanierung	Beginn der Planungen Ende 1988, Fertigstellung 1991
Größe	Die förderfähige Fläche beträgt 743 qm
Baukosten	1.134.000,- DM (inkl. Selbsthilfe)
Eigenleistung	139.000,- DM handwerkliche Selbsthilfe
Förderung	ABB-Programm
Architektur	Planerkollektiv, Detlef Rapp, Wolfram Tietz, Ellinor Schues Paulinenallee 32 20259 Hamburg
Baubetreuung	Stattbau Hamburg GmbH, Herbert Brinkmann, Reiner Schendel, Uwe Jentz, Rosemarie Oltmann

Ein Gebäude mit Geschichte

Bei den Gebäuden in der Großen Freiheit 73 und 75 handelt es sich um Häuser aus dem 18. Jahrhundert, die einen hohen denkmalpflegerischen Wert besitzen. Das Gebäude Nr. 75 ist eines der wenigen erhaltenen Barockhäuser im ehemaligen Altonaer Stadtbereich. Es wurde erbaut in den Jahren von 1749 bis 1772, gehörte zu der direkt hinter dem Haus liegenden mennonitischen Kirche und wurde als Pfarrhaus genutzt. Das Haus Nr. 73 ist seit 1860 in mehreren Etappen zu seiner heutigen Form ausgebaut worden. Zuerst wurde es als Küster- und Gemeindehaus genutzt und später als normales Wohnhaus

Die Ausbreitung von Gewerbebetrieben einerseits und das verstärkte Aufkommen von Amüsierbetrieben in St. Pauli andererseits hatten zur Folge, daß die Gegend ihren gutbürgerlichen Charakter verlor und die mennonitische Gemeinde ihren Besitz 1915 aufgab. Das Gebäude wurde der Großstadtmission von Altona zugeschlagen und als Kinderheim genutzt.

Nach dem zweiten Weltkrieg verlagerte sich das Vergnügungsgewerbe zur Reeperbahn hin mit der Folge, daß die Gebäude in eine städtebauliche Randlage kamen. Das Gebäude kam in den Besitz der städtischen SAGA und wurde in einzelne Wohnungen bzw. Wohnräume unterteilt und vermietet. In den 70er Jahren wurde aufgrund einer Schulerweiterungsplanung der Abriß der beiden Gebäude vorgesehen. Instandsetzungen wurden nun nicht mehr vorgenommen, die Häuser wurden langsam entmietet und rotteten vor sich hin. In der jahrelangen Zeit des Leerstands gab es vereinzelt Versuche, auf die Erhaltenswürdigkeit dieser Häuser aufmerksam zu machen. Um die Baufälligkeit der Häuser zu "beweisen", ließ die SAGA durch ihre Handwerker eine "Holzuntersuchung" mit Kettensägen durchführen; während dieser "Besuche" wurden fast alle Fußböden im Haus 75 durchgesägt und in weiten Teilen zerstört.

Von der Jägerpassage in die Große Freiheit

Im Jahre 1986, nachdem das Wohnprojekt Jägerpassage am Widerstand bestimmter SPD-Kreise gescheitert war, begannen Teile der Gruppe, sich nach einem neuen, kleineren Projekt umzusehen. Das neue Objekt der Begierde lag gar nicht so weit entfernt. Ein Verein wurde gegründet. Denkmalschutzamt und Bezirk wurden bearbeitet und überzeugt, daß es sich bei der Großen Freiheit 73/75 um denkmalschutzwürdige Häuser handelte, die es zu erhalten galt. Weiterhin wurde versucht, sie davon zu überzeugen, daß hier mit einem Wohnprojekt die beste Möglichkeit gegeben wäre, preiswerten Wohnraum zu schaffen und gleichzeitig dieses historisch so bedeutsame Haus zu erhalten. Ein weiterer Bewerber um das Haus, ein Architekturbüro, mußte als Konkurrent aus dem Feld geschlagen werden, und es gelang der Wohngruppe, die Behörden davon zu überzeugen, daß an dieser Stelle ein Wohnprojekt entstehen sollte. Nach Anhandgabe der Häuser für die Planungsphase wurden die Gebäude entrümpelt, und die Gruppe begann mit der Planung der Räume: Beide Häuser sollten eine einzige große Wohneinheit werden, Individualräume für jede/n BewohnerIn, Gemeinschaftsräume und eine Küche zur gemeinsamen Nutzung sowie halböffentliche Räume (in den denkmalgeschützten Räumen der 75) zur Nutzung für Feste, Veranstaltungen etc. Eine Besonderheit ist wohl auch die Trennung der beiden Häuser in Frauen- und Männerhaus bei gemeinsamer Nutzung der Küche und der Gemeinschaftsräume.

Eine (fast) einzigartige Art der Finanzierung

Gleichzeitig begannen die Überlegungen zur Finanzierung. EinE KreditgeberIn wurde gesucht, und nach langer Suche (für die im voraus zu bezahlende Erbpacht mußten 120.000,- DM aufgebracht werden) wurde eine Leihgemeinschaft mit vierzig Leuten (Gruppenmitglieder, FreundInnen und UnterstützerInnen) gegründet. Die Gemeinschaft für Leihen und Schenken (heute GLS-Bank) bewilligte ein Darlehen in Höhe von 120.000,- DM, die einzelnen Leihgemeinschaftsmitglieder verschuldeten sich je nur über 3.000,- DM. Innerhalb von vier Jahren war der Kredit (über einen Teil der Miete) an die Bank abzuzahlen, weitere vier Jahre waren vorgesehen, um den Kredit an die UnterstützerInnen abzuzahlen.

Kurz vor Baubeginn noch ein Stolperstein

Nach Ausschreibung der Bauarbeiten, Ermittlung der Baukosten und Erhalt der Baugenehmigung wurden die Förderungsfähigkeit des Projektes anerkannt und die notwendigen Gelder in Aussicht gestellt. Als allerdings im September 1988 der Erbpachtvertrag durch die Kommission für Bodenordnung abgesegnet werden sollte, scheiterte dies am Einspruch von Herrn Töpfer (Wohnungsbaupolitiker der CDU). Die Entscheidung sollte nun verschoben und von der Bürgerschaft getroffen werden. Die Wohnprojektgruppe mobilisierte Unterstützung auf vielen Ebenen. Die Fraktionen von GAL, FDP und SPD konnten zur Fürsprache für dieses Projekt gewonnen werden. Eine Anekdote am Rande: Der Redner der SPD-Fraktion, der in der Bürgerschaftsdebatte für das Wohnprojekt sprach, war Rolf Lange, der einst 1985 als Innensenator das Projekt Jägerpassage mit den markigen Worten: *"Mit mir als Innensenator wird es ein Wohnprojekt Jägerpassage nicht geben."* zum Scheitern verurteilt hatte.

Im November 1988 konnte dann trotz Verzögerung mit dem Bau begonnen werden. Die Selbsthilfearbeiten zogen sich hin, mehrfache unerwartete Schwammfunde trieben die Kosten und die Bauzeit in die Höhe. Die lange Bauzeit kostete nicht nur die SelbsthelferInnen, sondern auch die Baubetreuerin viel Energie und Nerven. Im Februar 1990 zogen die ersten BewohnerInnen in das noch nicht ganz fertiggestellte Projekt, endgültige Baufertigstellung war 1991.

(Britta Becher)

Große Freiheit 84

Projekt	Große Freiheit 84 22767 Hamburg St. Pauli
Rechtsform	Verein Freiheit 84 Verein für den Erhalt historischen und sozialen Wohnraumes e.V. Amandastraße 58 20357 Hamburg
Eigentums- verhältnisse	Eigentümer des Grundstückes ist die Freie und Hansestadt Hamburg, vertreten durch das Liegenschaftsamt Hamburg-Mitte. Der Verein Freiheit 84 ist Mieter der Gebäude und hat mit dem Liegenschaftsamt einen langfristigen Nutzungsvertrag abgeschlossen
Gebäude	Bei den Gebäuden handelt es sich um eine denkmalschutzwürdige Budenzeile, bestehend aus acht eingeschossigen Budenhäuschen aus der Mitte des 19. Jahrhunderts
Sanierung	Beginn der Planungen: 1985, Baumaßnahmen 1987 bis 1988
Größe	Förderungsfähige Gesamtfläche 337 qm in sechs Wohneinheiten
Baukosten	757.000,- DM Gesamtkosten (inkl. Selbsthilfe)
Eigenleistung	289.000,- DM Selbsthilfe durch den Einsatz von Betrieben des Zweiten Arbeits- und Ausbildungsmarktes
Förderung	ABB-Programm in Verbindung mit Arbeitsbeschaffungsmaßnahmen nach Arbeitsförderungsgesetz und Ausbildungsförderung nach Kinder- und Jugendhilfegesetz
Architektur	Planerkollektiv, Wolfram Tietz Paulinenallee 32 20259 Hamburg
Baubetreuung	Stattbau Hamburg GmbH, Josef Bura, Uwe Jentz, Herbert Brinkmann

Häuschen für arme Leute auf St. Pauli

Die Große Freiheit auf St. Pauli ist über Hamburgs Grenzen hinaus weit bekannt. An jedem Wochenende ist die Vergnügungsmeile am oberen Ende der Reeperbahn Trampelpfad für Tausende von Touristen. Sex in Live-Shows - das ist die Spezialität, die hier in verschiedenen Varietés geboten wird. Vor der St. Josefs-Kirche kehren alle um, als läge hier eine unsichtbare Grenze. Das Vergnügungsgewerbe hört auf - das andere, das nördliche Ende der Großen Freiheit, gehört nicht mehr den Touristen. Dort wird gewohnt, und dort liegt das Wohnprojekt Große Freiheit 84.

1852 wurden die Buden erbaut - eingeschossige Gebäude, reihenhausförmig aneinandergereiht. Sie liegen dicht an der ehemaligen "Fischräucherei, Braterei, Marinieranstalt, Fabrik feiner Konserven: W. Tollgreve & Co". Arbeiter und arme Leute wohnten in den Häusern. Das sollte sich in ihrer gesamten Geschichte nicht ändern.

Ursprünglich lag den jetzigen Häusern eine ähnliche Zeile gegenüber. Zur Großen Freiheit hin war das Gelände mit einem Kopfbau abgegrenzt. Eine Durchfahrt erschloß die beiden Budenzeilen zur Straße hin.

Budenzeilen waren in der Mitte des letzten Jahrhunderts in Hamburg und Altona häufige Haustypen für die Unterbringung armer Leute. Auch in der Lübecker Altstadt ist dieser Bautyp weit verbreitet. In Hamburg gibt es heute außer der Budenzeile in der Großen Freiheit nur noch ein einziges erhaltenes Ensemble dieser Art. Es befindet sich in der Marktstraße im Karolinenviertel.

Nach hundertdreißig Jahren: vor dem nahen Ende

Mitte der 80er Jahre sollte auch die verbliebene Budenzeile in der Großen Freiheit weichen. Ihr Ende schien besiegelt. Eine Erweiterung der jenseits der Straße liegenden Schule war geplant: Sportflächen sollten hier entstehen. Also wurden die Häuser entmietet und dem Verfall preisgegeben. Das provozierte Widerspruch.

Die Denkmalpflege sah ein erhaltenswertes Zeugnis sozialer Baukultur in Hamburg gefährdet. Die Autonomen Jugendwerkstätten Hamburg e.V., eine Ausbildungseinrichtung für junge Menschen ohne Chance auf dem gewerblichen Ausbildungsmarkt, sah im Erhalt der Budenzeile eine Möglichkeit, realistische Ausbildung vor Ort zu betreiben. *Learning on the job* lautete die Devise: Anstelle von Ausbildung in der Lehrwerkstatt sollten junge Menschen auf der Baustelle ihre Berufe erlernen. Die Budenzeile bot sich wegen ihrer Kleinteiligkeit dafür besonders an. Stattbau sah in der Sanierung eines solchen denkmalschutzwürdigen Ensembles eine Herausforderung. Eine Herausforderung an die Flexibilität des Programmes alternativer Sanierung, an die Leistungsfähigkeit von Betrieben des Zweiten Arbeits- und Ausbildungsmarktes und an die Kreativität der Umsetzer von alternativer Sanierung: Stattbau - statt Abriß.

Rund hundertdreißig Jahre waren die Buden damals alt. Die vielen Menschen, die in dieser Zeit in den Häusern gewohnt hatten, hatten die Bausubstanz bei weitem nicht so gefährdet wie die drei, vier Jahre der Unsicherheit über ihre Zukunft.

Erhalten durch alternative Sanierung und den Zweiten Aus- und Fortbildungsmarkt

Als es schließlich 1987 mit der Sanierung losging, waren die Häuschen eine einzige Ruine. So gut wie nichts war heil geblieben. Und das erschwerte die Argumentation, den Erhalt durchzusetzen, denn die Baufälligkeit war offensichtlich. Aber durch Kooperation mit Betrieben des Zweiten Ausbildungs- und Arbeitsmarktes wurde es möglich, die Kosten der Baumaßnahme zu senken.

Anleiter, Gesellen und Auszubildende aus folgenden Einrichtungen waren am Erhalt beteiligt:

Ausbildungswerkstatt der BI-Rudolfstraße, Jugendwerkstatt Rosenallee des Diakonischen Werkes, Berufsfortbildungswerk des DGB GmbH, Ausbildungswerkstätten des Landesbetriebes Erziehungs- und Berufsbildungseinrichtungen der damaligen Behörde für Arbeit, Jugend und Soziales, Werkstätten der Autonomen Jugendwerkstätten Hamburg e.V., von Bauen und Bilden e.V. sowie der Lohn und Brot Kontor gGmbH. Zusätzlich war eine AB-Maßnahme des Vereins "Freiheit 84" auf der Baustelle beschäftigt.

Die Sanierung der Budenzeile Große Freiheit wurde zu einem Gemeinschaftswerk von behördlichen und freien Trägern im Bereich der Arbeitsförderung sowie von beruflichen Aus- und Fortbildungsmaßnahmen.

Die Finanzierung des Projektes lief in diesem Fall anders als sonst ab. Aus den

Mitteln des Programmes alternativer Sanierung wurden die Regiekosten für die Baumaßnahme sowie der Ankauf des notwendigen Baumaterials bezahlt. Der Einsatz von ABM-Personal und Kräften aus den Aus- und Fortbildungsbetrieben auf der Baustelle erfolgte kostenfrei für die Baumaßnahme. Diese Leistungen galten als Hauptquelle für die Selbsthilfe. Und schließlich haben die späteren MieterInnen sämtliche Tapezier- und Malerarbeiten übernommen.

Beteiligt an der Finanzierung war auch der Bezirk Hamburg-Mitte. Er stellte zu Beginn des Projektes Geld für bausichernde Maßnahmen zur Verfügung. Als alles fast fertig war, gab es noch einen Zuschuß für die Gestaltung der Außenanlagen.

Das Planerkollektiv als beauftragtes Architekturbüro und die Stattbau Hamburg GmbH als alternative Sanierungsträgerin wurden im Rahmen des Wettbewerbs "Vorbildliche Bauten 1989" von der Baubehörde Hamburg für die Leistungen an diesem Projekt ausgezeichnet. Selbstverständlich ist mit dieser Würdigung vor allem auch die Leistung der beteiligten jungen Menschen und ihrer Anleiter gemeint.

Heute: Wohnraum für Auszubildende

Die Buden wurden mit zeitgemäßen Standards ausgestattet: Zentralheizung, Duschen oder Bäder gehören zur Ausstattung. Die Dachböden wurden ausgebaut, um zusätzlichen Wohnraum zu gewinnen. Die Idee für die Nutzung ergab sich schlüssig aus dem Konzept des Erhalts: Junge Menschen aus den beteiligten Ausbildungsbetrieben, die an der Sanierung mitgewirkt hatten, sollten einziehen. So wurde es umgesetzt. Auch in Zukunft werden die Wohnungen für Auszubildende aus Werkstätten reserviert bleiben.

Im Herbst 1988, nach rund sechzehn Monaten Kernbauzeit, wurden die sechs Wohnungen an dreizehn junge Menschen übergeben. Jetzt leben zusätzlich drei Kinder in dem Projekt.

Das Projekt Große Freiheit 84 ist somit ein Beleg für die innovativen Kräfte, die durch das Konzept alternativer Sanierung freigesetzt wurden. Hier wie auch anderswo haben die alternativen Sanierungsträger verschiedene Förderwege zusammengeführt. Durch Verbindung von Fördermöglichkeiten des sozialen Bereiches mit der Baumaßnahmenförderung wurde auf St. Pauli ein Projekt realisiert, das heute Gegenstand vieler Führungen und Haltepunkt mancher Stadtteilrundgänge ist.
(Josef Bura)

Jägerpassage

Projekt	Initiative Jägerpassage e.V. Wohlwillstr. 22, Haus 1+2 20359 Hamburg
Rechtsform	Eingetragener Verein
Eigentums- verhältnisse	Eigentümerin: Freie und Hansestadt Hamburg Verwalterin: Lawaetz-Stadtentwicklungs GmbH
Gebäude	Viergeschossiges Wohnhaus mit zwei Eingängen und zwei Treppen- häusern, erbaut um 1870
Sanierung	Wetterfestmachung: Winter 1989/1990 Beginn der Planungen: Mai 1993 Voraussichtlicher Baubeginn: Anfang 1995
Größe	ca. 950 qm Wohnfläche, 20 Wohneinheiten, 30 Personen ca. 250 qm gewerblich und kulturell genutzte Flächen
Baukosten	Wetterfestmachung: DM 34.000,- (davon DM 21.000,- handwerkliche Selbsthilfe) voraussichtliche Baukosten: ca. 2 Mio. DM
Eigenleistung	ca. DM 200.000,- handwerkliche Selbsthilfe
Förderung	Voraussichtlich: STEB, ABB-Programm, ca. 1,8 Mio. DM
Architektur	Lothar Taubert Schanzenstr. 41 a 20357 Hamburg
Baubetreuung	Lawaetz-Stiftung, Gisela Zeisberg, Harald Gerke

Neue Lebensqualität im ältesten Arbeiterquartier Hamburgs

Die um 1870 erbauten Häuser der Jägerpassage sind das älteste noch erhaltene Beispiel sozialen Wohnungsbaus in Hamburg. Gegenüber den Arbeiterquartieren in den Gängevierteln der Alt- und Neustadt stellten sie eine vielfältige Verbesserung der Wohnbedingungen dar. Hier wurde schon manches vorweggenommen, was sich erst im Wohnungsbau der 20er Jahre durchsetzte.

Die Jägerpassage bestand aus vier Vorderhäusern und drei Hinterhofterrassen. Im 2. Weltkrieg wurde der östliche Teil der Südterrasse zerstört, 1982 die Nordterrasse abgerissen.
Nachdem die Stadt Hamburg Ende der 70er Jahre den Abriß beschlossen hatte, wurden freiwerdende Wohnungen nicht mehr vermietet. Seit 1981 stand das Gebäude schließlich leer und verfiel zusehends.

Damals schloß sich eine Initiative zum Erhalt der Jägerpassage zusammen mit dem Ziel, die noch erhaltene Mittel- und Südterrasse für die Nutzung durch ein Wohnprojekt umzugestalten.
Das Denkmalschutzamt stellte die Jägerpassage angesichts ihrer kulturhistorischen Bedeutung unter vorläufigen Denkmalschutz und verhinderte so den unmittelbar bevorstehenden Abriß der Südterrasse.
Nach mehrmaligen Besetzungen und Räumungen sowie endlosen Verhandlungen um Nutzungsverträge gab die Initiative Jägerpassage 1985 resigniert auf.

Bis 1988 wurden dann die Vorderhäuser grunderneuert und die Mittelterrasse im Rahmen des sozialen Wohnungsbaus modernisiert. Lediglich über die Südterrasse war noch keine endgültige Entscheidung gefallen. Nach wie vor gab es Vorstellungen, die Südterrasse abzureißen, um zeit- und vorschriftsgemäße Belichtungsverhältnisse für die gerade sanierte Mittelterrasse herzustellen.

Jägerpassage: Besetzung hatte friedliches Ende

Der Denkmalschutz regte schließlich Mitte 1988 an, über eine Alternativsanierung des Gebäudes nachzudenken.
Im Herbst desselben Jahres wandte sich eine Gruppe, die inzwischen rechtsfähig gegründete "Initiative Jägerpassage e.V.", an die Lawaetz-Stiftung mit der Vorstellung, die bereits seit sechs Jahren leerstehende Südterrasse der Jägerpassage instandzusetzen und dort selbstverwaltet zu wohnen.

Die von der Gruppe entwickelten Vorstellungen mündeten in ein Konzept, das im Juni 1989 der Baubehörde vorgelegt und mit dieser verhandelt wurde.
Die Baubehörde favorisierte zu jenem Zeitpunkt noch das Konzept einer reinen Gewerberaumnutzung, das sie aber angesichts fehlender räumlicher Möglichkeiten wieder aufgab.
Nach vielen Verhandlungen und einer kurzzeitigen Besetzung der Südterrasse durch die Gruppe konnte im Oktober 1989 schließlich eine grundsätzliche Entscheidung für dieses Projekt erreicht werden. Das Konzept sah eine Mischnutzung von Wohnen in den oberen, besser belichteten Stockwerken und Gewerbe/Kultur in den unteren Etagen vor, wobei Nutzer der gesamten Fläche der Verein "Initiative Jägerpassage e.V." sein sollte. Geplant waren die Einrichtung einer Museumswohnung, Werkräume, ein Veranstaltungsraum für Öffentlichkeitsarbeit sowie eine SchneiderInnenwerkstatt.

Nachdem ein Konsens erreicht worden war, wurde das Gebäude von der Lawaetz-GmbH in die Verwaltung übernommen. Um einem weiteren Wertverfall und steigenden Sanierungskosten entgegenzuwirken, wurde eine Wetterfestmachung unter Einbeziehung von handwerklicher Selbsthilfe der Gruppe durchgeführt.

Entgegen der Planung, das Gebäude in unbewohntem Zustand zu sanieren, kam es sukzessive zu immer mehr Einzügen, bis das Haus trotz seines schlechten baulichen Zustandes voll bewohnt war.
Um aus dem geduldeten Wohnverhältnis ein legales zu machen, forderte die Gruppe einen Nutzungsvertrag von Lawaetz. Den bis dahin gültigen sogenannten "Chemnitzstraßenvertrag" lehnte

sie wegen dessen umfassenden Regelungsbedarfes ab. In jahrelangen Verhandlungen, die zwischenzeitlich immer wieder ins Stocken gerieten und von Rückschlägen gekennzeichnet waren, konnte schließlich ein neuer Nutzungsvertrag verhandelt werden, der auch von der Stadt als neue Vertragsgrundlage für alle künftigen ABB-Projekte akzeptiert wurde.

Die bautechnischen Planungen laufen; Baubeginn wird voraussichtlich Anfang 1995 sein. Die Vorstellungen des Denkmalschutzamtes sollen weitgehend Berücksichtigung finden. Gegenwärtig wird an einem Modell gearbeitet, das es dem Verein "Initiative Jägerpassage e.V." ermöglichen soll, nicht nur die unentgeltliche Selbsthilfe, sondern auch die bezahlten handwerklichen Leistungen überwiegend selbst durchzuführen. In welchem Umfang dies möglich sein wird, muß noch im einzelnen entwickelt werden.

(Gisela Zeisberg)

Klausstraße 10

Projekt	Verein Hausgeist Kunst und Kultur in Ottensen e.V.
Rechtsform	Eingetragener Verein
Eigentums-verhältnisse	Eigentümer ist die Wohnungsbaugenossenschaft Schanze e.G. Der Verein hat das Gebäude über einen Gesamtnutzungsvertrag angemietet
Gebäude	Das Gebäude ist ein dreigeschossiges Wohnhaus, jetzt mit ausgebautem Dachgeschoß, Baujahr 1898
Sanierung	Beginn der ersten Planungen Sommer 1989, Beginn der eigentlichen Planungen im Winter/Frühjahr 1991. Baubeginn August 1992. Ende der Baumaßnahme Frühjahr 1994
Größe	Förderungsfähige Gesamtwohnfläche einschließlich der Dachgeschosse 477,96 qm. Die Gesamtwohnfläche wird als ein Gemeinschaftswohnprojekt genutzt. Einzelne Wohneinheiten sind aufgehoben
Baukosten	Die förderungswürdigen Gesamtkosten betragen 1.285.800,- DM (inkl. Selbsthilfe)
Eigenleistung	120.900,- DM handwerkliche Selbsthilfe
Förderung	ABB-Programm
Architektur	Arbeitsgemeinschaft Detlef Rapp, Claudia Burkard, Norbert Tochtenhagen Nernstweg 20a 22765 Hamburg
Baubetreuung	Stattbau Hamburg GmbH, Brigitte Baatz, Herbert Brinkmann, Rosemarie Oltmann, Angelika Schröder

Der lange Weg bis zum Baubeginn

Anfang des Jahres 1989 gab es in Altona die ersten Aktionen, die den Leerstand der Häuser Klausstraße 12 und 14 thematisierten. Ein breites Spektrum von Menschen, vom Obdachlosen bis hin zum wohnungspolitisch Interessierten aus dem Viertel begann, auf den Leerstand und den Verfall der Häuser aufmerksam zu machen. Aus diesem Zusammenhang heraus bildete sich ein kleine Gruppe, die hoffte, ihre eigenen schwierigen Wohnverhältnisse mit Hilfe dieser Häuser verbessern zu können. Die Wohngruppe nahm Kontakt zu Stattbau auf, um sich über die Möglichkeiten des Erhaltens, der Instandsetzung und der Nutzung der betreffenden Häuser beraten zu lassen. Daraus entwickelte sich eine Zusammenarbeit mit dem Ziel, die Häuser zu erhalten.
Am 12.06.1989 fand die Gründungsversammlung des Vereins Hausgeist Kunst und Kultur in Ottensen e.V. statt.
Der Bezirk Altona befaßte sich ebenfalls mit dem Leerstand der Häuser Klausstraße 12 und 14 und teilte unter Drucksache XII/Nr. M 242 vom 29.06.1989 folgendes mit:

"Die Bezirksversammlung (Altona) hatte am 01. Juni 1989 aufgrund eines dringlichen Antrages der F.D.P.-Fraktion (Drucksache XII/Nr. 710 - und weiteren Änderungsanträgen) folgenden Beschluß gefaßt:
Der Herr Bezirksamtsleiter wird gebeten, schnellstmöglich eine Lösung vorzuschlagen, um den Leerstand der Häuser Keplerstraße 12, Klausstraße 12/14, Kleine Rainstraße 12a zu beenden.
Der Bezirksamtsleiter wird gebeten,
1. ...
2. sich bei der SAGA und der Baubehörde dafür einzusetzen, daß das Haus Klausstraße 12 in die Lösung einbezogen wird, die sich für das Haus Klausstraße 14 abzeichnet (Verkauf an ein Wohnprojekt oder eine Lösung wie Lobuschstr./Bahrenfelder Straße)."

Weiter heißt es unter 3. in dem Papier:
"Das Gebäude Klausstr. 12 gehört der SAGA, das Gebäude Klausstr. 14 einer Frau Ingrid K., die bereit ist, dieses Gebäude an die Freie und Hansestadt Hamburg zum Zwecke der Instandsetzung und ggf. für ein alternatives Wohnprojekt zu veräußern.
Nach Kenntnis des Bezirksamtes ist die SAGA ebenfalls an einem Verkauf interessiert und hat das Objekt insoweit 'ausgeschrieben'. Ein Verkauf an einen alternativen Sanierungsträger wird allerdings nur dann erfolgreich sein, wenn das Amt für Stadterneuerung der Baubehörde beide Objekte als förderungsfähige ABB-Maßnahme (Maßnahme für alternative Baubetreuer) anerkennt. Das soll für 1991 zwar sichergestellt sein, das Bezirksamt hat sich aber nach der Bezirksversammlung vom 1. Juni 1989 noch einmal an ASE gewandt, um eine frühere Finanzierungsmöglichkeit zu finden. Zwei weitere Winter werden die Gebäude nämlich nicht überstehen können."

Ottensen: Haus besetzt Steine auf Polizei

Hamburg-Chronik — Straßenschlacht gestern in der Klausstraße (Ottensen): ein Immobilienhandel, das Saga-Haus besetzt, sich dann mit der Polizei ... [newspaper clipping, partially illegible]

Straßenschlacht in Ottensen: ...

Im November 1989 stimmte die SAGA dem Verkauf an die Stattbau als alternativem Sanierungsträger zu. Der Ankauf hing jedoch davon ab, daß die Kommission für Bodenordnung einen entsprechenden Beschluß faßte und die Ankaufsmittel aus dem Titel "Zuschüsse an alternative Sanierungsträger für Grunderwerb zwecks Erhalt und Instandsetzung/ Modernisierung der Objekte" bewilligte. Die Eigentümerin der Klausstraße 14 erklärte sich ebenso grundsätzlich bereit, ihr Gebäude an die Freie und Hansestadt Hamburg zu verkaufen. Es wurden Vereinbarungen sowohl mit der SAGA als auch mit der Nachbareigentümerin geschlossen, um bauvorbereitende Maßnahmen durchführen zu können. Ein Winter verging, ohne daß das Ankaufsverfahren mindestens des SAGA-Grundstücks vorangeschritten war. Unzählige Briefe wechselten zwischen der Liegenschaftsverwaltung, der Behörde für Arbeit, Gesundheit und Soziales und der Stattbau hin und her. Zwischenzeitlich war angedacht, daß die Lawaetz-Stiftung das Gebäude der Klausstraße 12 erwerben sollte. Die Privateigentümerin (Klausstraße 14) hatte bereits im Dezember 1989 ihre Bereitschaft, ihr Grundstück an die Freie und Hansestadt Hamburg zu verkaufen, zurückgezogen. Zum Ende des Jahres 1990 zeichnete sich ab, daß das Ankaufsverfahren über den o.g. Titel nicht zu realisieren war. Daraufhin teilte die Stattbau sowohl der SAGA als auch der Privateigentümerin mit, daß die Schanze e.G. bereit sei, den Ankauf der beiden Häuser zu vollziehen, damit einer Sanierung der Gebäude nichts mehr im Wege stehe.

Im Dezember 1990 wurde dann der Kaufvertrag zwischen der SAGA und der Schanze e.G. bezüglich des Grundstücks Klausstraße 12 mit Zustimmung der Hausgeister geschlossen. Der zweite Winter verging, ohne daß die Gebäude vor dem weiteren Verfall geschützt wurden. Die Bewohner taten zwar ihr Mögliches, doch die Objekte waren so heruntergekommen, daß jeder "Handschlag" nur Flickwerk am Faß ohne Boden sein konnte. Da nun das SAGA-Gebäude durch die Schanze e.G. angekauft war, wurde es für die Beteiligten vorstellbarer, daß auch die Nachbareigentümerin ihr Gebäude verkaufen würde, zumal es ja bewohnt war und es keine erkennbaren Zeichen gab, daß die Bewohner dieses Haus wieder verlassen würden. So wurden dann die Verhandlungen mit der Grundstückseigentümerin wiederaufgenommen. Im Februar 1991 waren sich dann die Schanze e.G. und die Privateigentümerin handelseinig und beschlossen einen Kaufvertrag.

Im Dezember 1990 erhielt Stattbau den Zuwendungsbescheid für die Planungsmittel. Die Planung begann. Ein weiterer Winter kam, am 30.1.1992 wurde dann die Baugenehmigung erteilt, ein weiterer Winter verging, und im August 1992 konnte endlich mit der Baumaßnahme begonnen werden.

Nach dem Ankauf beider Gebäude stellte die Schanze e.G. einen Antrag auf Zusammenlegung der beiden Grundstücke. Die Zusammenlegung erfolgte im Juni 1992, die Hausnummer ist jetzt Klausstraße 10.
(Rosemarie Oltmann)

Der Hausgeist geht um ... das Haus und seine Bewohner

Nach längerem Leerstand wurde das Haus seit 1989 wieder bewohnt, denn junge Leute der Häusergruppe "Hausgeist" hatten es besetzt und mit notdürftigen Reparaturen begonnen. Mehrfachen Räumungsandrohungen wurde standgehalten, und durch "Sicherheitsmaßnahmen" mit Maschendraht und Holzbohlen war der Zugang nur noch für einen bestimmten Personenkreis möglich. Der Zustand verschlechterte sich ständig; Bewohner und Gebäude trugen die Last gemeinsam. Die Bewohner gaben das Haus nicht auf - und das Haus ließ die Bewohner nicht mehr los. Das Haus war voller Schwamm, die Bewohner bekamen Atemnot und Hautkrankheiten. Eine untrennbare Symbiose entstand. Sie konnten nicht mehr ohne einander. Ist das, neben vielerlei Juristerei, nicht der wahre Erfolg?

Die Gruppe will als Verein Hausgeist e.V. "mehr Eigeninitiative, wechselseitige Hilfe und solidarisches Handeln in Nachbarschaften und ähnlichen sozialen Gruppen ermöglichen und fördern" (aus der Vereinssatzung, § 2). Dazu bot sich direkt vor der Haustür eine passende Gelegenheit: Die ehemalige Dorfstraße (Klausstraße) mit ursprünglich geschlossener Häuserzeile, entstanden um die Jahrhundertwende, sollte den Anschluß an die große weite Welt erhalten. Gemeinsam mit der Lobuschstraße sollte sie als Autobahnzubringer dienen. Großstädtische Verkehrskonzepte und Erhalt eines gewachsenen

Quartiers - das paßte bis vor kurzem noch überhaupt nicht zusammen. Doch es hat ein Umdenken stattgefunden, das letztlich für die Klausstraße 12 und 14 (jetzt 10) den Erhalt bedeutete.

Volxmassen, hört die Signale! Die Klausstr. 12/14 lebt!
(30.03.1990, tageszeitung)

Nach Erteilung des Zuwendungsbescheides war der Kampf allerdings noch nicht zu Ende, denn der Bau sollte beginnen. Langjährige Schutzschilder wurden abgebaut, das Haus wurde geöffnet. Doch kein Ende mit den "Barrikaden". Zu Beginn der Bauzeit mußte das Haus in Teilen noch bewohnt werden. Handwerker und Bewohner mußten sich so gut es ging arrangieren. Teilweise wurden Hausbereiche für Bauen und/oder Wohnen gesperrt.

Endlich, das Haus war leer, jetzt sollte es richtig losgehen!
Doch ach, neben Firmenleistungen war die Selbsthilfe zu erbringen. Die Gruppe *rang* intern, die Bauleitung und Betreuung *rang* mit der Gruppe. Wieder Auseinandersetzungen und schrittweise Annäherung. Über anfängliche einfache Abbrucharbeiten, Dachdeckung unter fachlicher Anleitung, wurde ein Gespür für Bauabläufe und Notwendigkeiten entwickelt. Erhebliche Teile des Innenausbaus wurden übernommen, denn aus den ehemals zwei Mehrfamilienhäusern entstand ein Gesamthaus, d.h., es wurde ein Treppenhaus abgebrochen, und durch neue Zwischenwände entstanden weitere Zimmer. Langsam wuchs eine "Baugruppe", die sich z.B. für Dielenboden entschied (nur durch erhöhte Eigenanteile finanzierbar) und die mit viel Mühe und ästhetischem Gespür Fliesenarbeiten in den Bädern durchführte sowie "Wandgestaltung" durch den Erhalt und die Überarbeitung eines sich abzeichnen-

---

Volxmassen, hört die Signale! Die Klausstr. 12/14 lebt!

Inmitten der Großoffensive des Kapitals und seiner Schergen
Trotz nationalistischer Hirnschwurbelei
Umstellt von Demokratie, Frieden und freiem Markt
Belagert vom Gewaltmonopol des Staates
Trotzdem freudig erregt vom neuen Klima -
hinein in die Katastrophe - widerstehen zwei kleine Häuser
in der Klausstraße 12/14 den ständigen Angriffen
der Kohlköpfe!

den Wandbildes der abgebrochenen Treppe betrieb.

Jetzt ist das alte, neue Haus wieder bewohnt und hebt sich durch sein äußeres Erscheinungsbild als verputzter Mauerwerksbau mit Stuckumrahmungen von den benachbarten Neubauten ab - ein Relikt des sozialen Wohnungsbaus aus längst vergangenen Zeiten.

Ein Einweihungsfest mit Freunden, Unterstützern und Nachbarn sowie einer Vielzahl von Hausführungen lassen erahnen, daß der lange Weg lohnend war. Möge er so weitergehen - in der Klausstraße 10 und anderswo!

(Angelika Schröder)

Klausstraße 11

Projekt	Kleines Künstlerhaus Klausstraße e.V. Klausstraße 11 22765 Hamburg
Rechtsform	Eingetragener Verein
Eigentums- verhältnisse	Die Hausgemeinschaft, zusammengeschlossen im Verein "Kleines Künstlerhaus Klausstraße 11 e.V.", hat das Haus 1991 von der SAGA gekauft und verwaltet es nun selbst
Gebäude	Viergeschossiges Wohnhaus, das 1888 in Mischform als Fabrik-, Kontor- und Wohnhaus erbaut wurde
Sanierung	Planung: Herbst 1993 Baubeginn: Frühjahr 1994
Größe	692 qm Wohn- und Atelierräume, 1 Wohneinheit, 10 Personen. Die nach dem ABB-Programm förderfähige Wohnfläche beträgt 330 qm, die nicht-förderfähige Atelierfläche 362 qm
Baukosten	DM 744.000,- (inkl. Selbsthilfe)
Eigenleistung	DM 71.000,- handwerkliche Selbsthilfe DM 219.000,- Fremdmittel
Förderung	Voraussichtlich STEB, ABB-Programm: DM 429.000,- Kulturbehörde, Atelierförderung: DM 25.000,-
Architektur	A+S, Architekten und Stadtplaner Dipl.-Ing. Bejo Rob Schillerstraße 29 22767 Hamburg
Baubetreuung	Lawaetz-Stiftung, Gisela Zeisberg, Harald Gerke

Wohnkünstler in der Klausstraße 11

Das Haus wurde 1888 in der für diese Zeit üblichen Mischform als Fabrik-, Kontor- und Wohnhaus erbaut. Es diente bis ca. 1970 unterschiedlichen Gewerben (u.a. Buchbinderei, Feuerlöscherfabrik). Danach kaufte die SAGA (größte Hamburger Wohnungsgesellschaft) das Haus von einem Schlossermeister und ließ es leerstehen, um es abzureißen. Künstler, schon damals mit Atelierräumen nicht gerade "gesegnet", besetzten das Haus unspektakulär und konnten mit der SAGA erst ein Nutzungsrecht und später auch Mietverträge verhandeln. In der Folge wohnten und arbeiteten hier Künstler aus unterschiedlichsten Bereichen, u.a. Maler, Bildhauer, Filmemacher, Musiker. Sie zogen viele andere Künstler an, so daß sich das Haus bald zu einem Sammelbekken verschiedenster kreativer Bewegungen entwickelte.

Ende der 80er Jahre wollte die SAGA das Haus verkaufen. Mit der Unterstützung der Kulturbehörde und des Sanierungsbeauftragten des Bezirks Altona konnten die BewohnerInnen den Verkauf an Dritte verhindern. Es wurden zwei Modelle einer Finanzierung des Ankaufs über Mäzene entwickelt, die sich jedoch nicht umsetzen ließen.

Nach einigen Verhandlungen erkannte die SAGA schließlich die Hausgemeinschaft als Käuferin an, die sich zu diesem Zweck im Verein "Kleines Künstlerhaus Klausstraße e.V." zusammenschloß. Mit dem Erwerb des Hauses konnten sich die KünstlerInnen die kostengünstigen Wohn- und Arbeitsräume erhalten, die für sie angesichts ihrer oftmals schwankenden Einkommen zu einer Existenzgrundlage geworden waren.

Das Haus Klausstraße 11 ist mittlerweile Ausgangspunkt für zahlreiche Aktivitäten der KünstlerInnen in den Stadtteil hinein geworden: So haben die BewohnerInnen beispielsweise eine Schülergalerie in Ottensen betrieben, Mal- und Zeichenkurse für Kinder gegeben, Pflastermalaktionen auf anliegenden Parkplätzen für Kinder ausländischer MitbürgerInnen sowie Ausstellungen in Stadtteilcafés organisiert. Gleichzeitig ist das Haus aber auch für den Stadtteil geöffnet worden, indem die BewohnerInnen Veranstaltungen wie Dichterlesungen, experimentelles Theater, Happenings, Film-/Videovorführungen und kleine Musikveranstaltungen durchgeführt und öffentlich dazu eingeladen haben.

Als die Hausgemeinschaft das Haus übernahm, war eine Grundinstandsetzung der mittlerweile angegriffenen Bausubstanz notwendig geworden, um das Gebäude langfristig zu erhalten. Dabei möchten die BewohnerInnen aber nur die notwendigen Sanierungsmaßnahmen und keine wesentlichen Standardverbesserungen durchführen. Der Charakter des Hauses - Wohn- und Ateliernutzung mit einfacher Ausstattung - soll weitgehend erhalten bleiben.

Allerdings verfügten die BewohnerInnen nicht über das notwendige Einkommen und Eigenkapital, um die Instandsetzung selbst zu finanzieren. So wurde in Zusammenarbeit mit der Lawaetz-Stiftung ein Finanzierungskonzept entwickelt, das der Mischnutzung des Hauses entspricht. Die förderfähige Wohnfläche für die zehn BewohnerInnen wird über das ABB-Programm finanziert. Die Kulturbehörde, die bereits zu Anfang der 80er Jahre kleinere Instandsetzungs- und Elektroarbeiten in der Klausstraße 11 bezahlt hatte, beteiligt sich finanziell an der Erneuerung der Fenster. Die Gruppe erbringt die erforderliche handwerkliche Selbsthilfe für den Wohnraum und finanziert die Instandsetzung des Atelierraums über eine Hypothek. Die Planung ist abgeschlossen; mit der Sanierung wird im Frühjahr 1994 begonnen.

(Gisela Zeisberg)

Offene Ateliers

KLAUSSTR 17/BHF. ALTONA
BAHRENFELDER
24.5.

Marktstraße 107, Haus 3-6

Projekt	Wohngenossenschaft Marktstraße 107 i.Gr., Marktstraße 107, 20357 Hamburg
Rechtsform	Wohngenossenschaft in Gründung (i.Gr.)
Eigentums- verhältnisse	Eigentümerin ist die STEG, Stadterneuerungsgesellschaft. Die Genossenschaft i.Gr. hat das Grundstück gepachtet. Sie beabsichtigt, von der STEG das Grundstück in Erbpacht zu übernehmen
Gebäude	Drei-, z.T. viergeschossiges Wohngebäude im Hinterhof mit z.T. ausgebautem Dachgeschoß. Rest einer ehemalig längeren Terrassenbebauung
Sanierung	Die Umbaumaßnahmen begannen im Dezember 1992 und werden im Sommer 1994 beendet sein
Größe	Förderungsfähige Gesamtfläche 720 qm, 1 Gemeinschaftswohneinheit
Baukosten	Für Instandsetzung und Modernisierung ca. 2.082.000,- DM (inkl. Selbsthilfe)
Eigenleistung	688.000,- DM Eigenleistung, davon 260.000,- DM handwerkliche Selbsthilfe und 326.000,- DM Mittel der Hamburger Feuerkasse
Förderung	ABB-Programm
Architektur	Trapez architektur Ulrike Hantschel, Dirk Landwehr Am Felde 18 22765 Hamburg,
Bauleitung	Olaf Bartels
Baubetreuung	Stattbau Hamburg GmbH, Manfred Gerber, Rosemarie Oltmann Josef Bura

Marktstraße 107 im Karolinenviertel

Das Gebäude

Die Bomben des zweiten Weltkrieges hinterließen im Karolinenviertel verhältnismäßig geringe, wenn auch deutlich erkennbare Spuren. Die für Hamburg typische Struktur der gründerzeitlichen Arbeiterwohnungen in zeilenartiger Hinterhofbebauung gerahmt durch höhere blockumfassende Wohnbauten für reichere Einkommensschichten ist hier anschaulich wie in nur wenigen anderen Stadtteilen umfangreich erhalten geblieben. Mit dieser sehr dichten "Terrassenbebauung" bestehen aber auch die recht schlechten Belichtungsverhältnisse der Wohnungen weiter.

An der Marktstraße 107 ist diese Struktur durchbrochen. Das Vorderhaus fehlt, und von der westlichen Terrassenzeile steht nur noch die Hälfte - eine Folge des Krieges, die dem verbliebenen Haus aber zugute kommen sollte. Die provisorisch geschlossene Südfassade mußte ersetzt werden und ist mit ihrer neuen Gestaltung dem Südlichteinfall angemessen gebaut worden. Sie gibt dem Haus mit ihrer hölzernen Verschalung ein eigenständiges, zeitgemäßes Gesicht, zu dem auch die neuen Dachgauben beitragen, die ebenfalls dem Lichtdurst der Bewohner Rechnung tragen. Mit der Wiederherstellung der alten Fensterformate und -proportionen wurden die anderen Hausseiten an den ursprünglichen Zustand herangeführt, so daß auch der alte räumliche Maßstab des Erschließungshofes wenigstens an seiner westlichen Begrenzung wieder erahnbar wird.

Mit der Sanierung des Inneren wurden einige Umbauten verbunden, die sich an der neuen Gemeinschaftswohnnutzung orientierten. Hier ist an die Tradition des Einküchenhauses angeknüpft worden. In der ersten Geschoßebene befindet sich eine Großküche mit den Aufenthaltsräumen der genossenschaftlichen Hausgemeinschaft, im Keller ein großes Bad für alle Bewohner. In den Wohnbereichen konnten diese Einrichtungen entsprechend reduziert bzw. fortgelassen werden, so daß der hier begrenzte Raum ausschließlich dem Wohnen dienen kann.
Die Heizanlage ist an eine Nahwärmezentrale im gegenüberliegenden Haus angeschlossen, die auch weitere Hauskomplexe der näheren Umgebung versorgt.

Nutzung

Nach einem Bausubstanzgutachten wurde die Instandsetzung des Gebäudes durch

ABB-Mittel gefördert. Das Haus wird durch eine Hausgemeinschaft der Wohngenossenschaft Marktstr. 107 i.Gr. bewohnt. Die Einzel- und Gruppenwohnbereiche sind durch eine Gemeinschaftsküche und ein gemeinsames Bad in den unteren Geschossen ergänzt. Mit der Struktur der Nutzung und ihrer baulichen Entsprechung, insbesondere der zentrierten Gemeinschaftsbereiche, ist hier ein modernes Beispiel des kleingenossenschaftlichen Wohnungsbaus geschaffen worden.

Insgesamt hat die Bewohnergruppe sehr umfangreiche Eigenleistungen eingebracht. Über die notwendigen fünfzehn Prozent hinaus, die in Selbsthilfe erbracht werden mußten, wurden einige Gruppenmitglieder als Bauhelfer eingestellt. Die beauftragten Handwerksfirmen ließen sich auf eine Zusammenarbeit ein, und so konnten die gesamten Innenputzarbeiten, die Holzfußbodenverlegearbeiten und die Malerarbeiten in eigener Regie übernommen werden. Die Schwammsanierungsarbeiten wurden in Zusammenarbeit mit den Zimmerleuten erledigt.
Eine solche Zusammenarbeit erforderte kooperative Firmen und eine Bauleitung, die improvisieren konnte, da die Terminpläne schon bei der Aufstellung überholt waren.

(Olaf Bartels, Architekt)

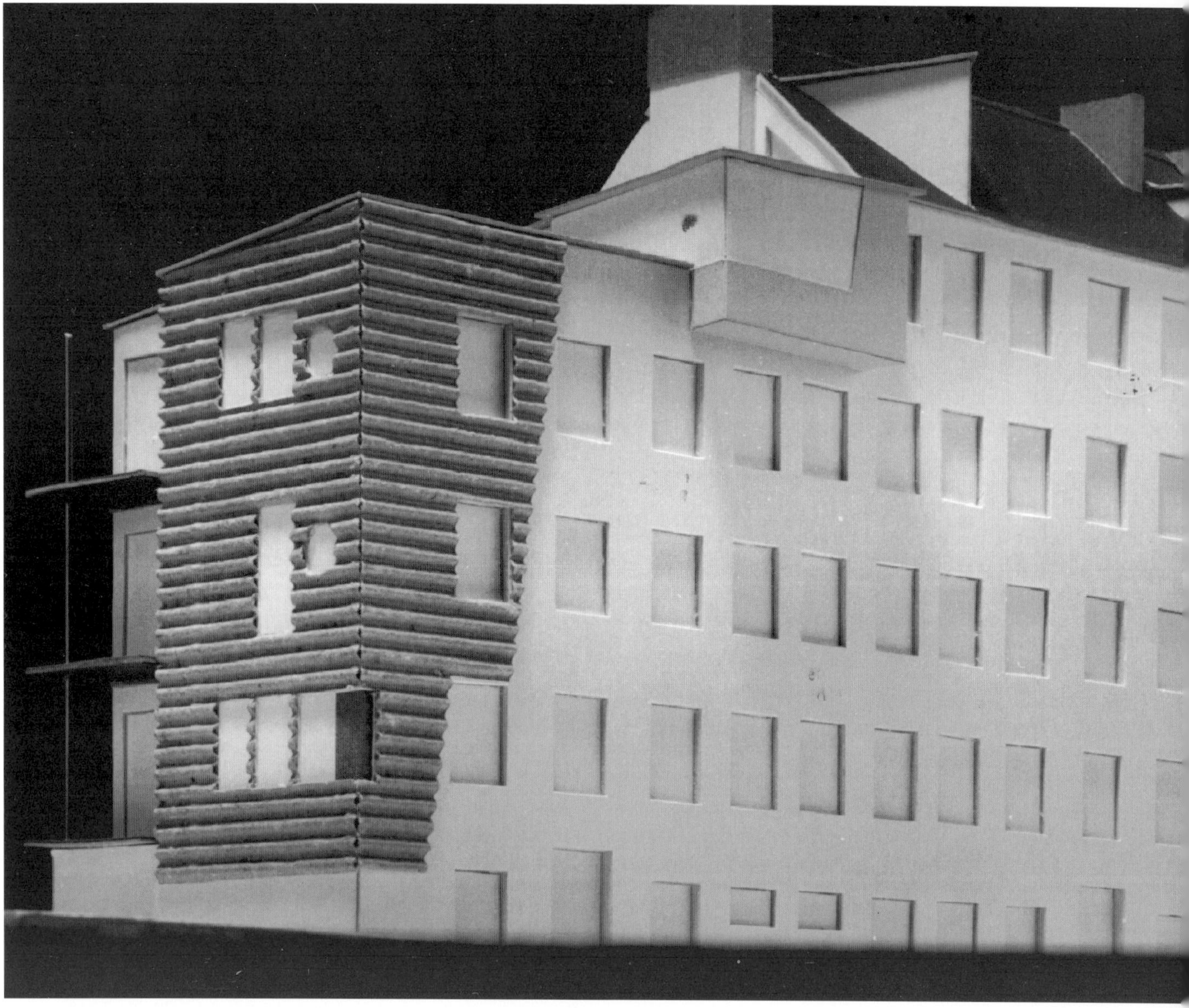

Positive Future

Projekt	Gemeinnütziger Verein Positive Future Billbrookdeich 300 22113 Hamburg
Rechtsform	Eingetragener Verein
Eigentums- verhältnisse	Eigentümerin: Freie und Hansestadt Hamburg Verwalterin: Lawaetz-Stadtentwicklungs GmbH
Gebäude	Zweigeschossiger Zweckbau, mehrfach umgebaut, errichtet etwa 1900
Sanierung	Bewohntes Obergeschoß während der Sanierung Planung: 1991 Baumaßnahme: 1992 bis 1993
Größe	398 qm Wohn- und Nutzfläche, 1 Wohneinheit, 12 BewohnerInnen
Baukosten	DM 506.000,- (inkl. Selbsthilfe)
Eigenleistung	DM 27.000,- handwerkliche Selbsthilfe
Förderung	STEB, ABB-Programm: DM 439.000,- BAGS: DM 40.000,-
Architektur	Arch.-Büro Rapp/Marchel Detlef Rapp Nernstweg 20 a 22765 Hamburg
Baubetreuung	Lawaetz-Stiftung, Ulrich Wienand, Pit Hiemstra

"Positive Future" im Billbrook

Als im Sommer 1990 das Gebäude an der Bille in die Verwaltung der Lawaetz-GmbH überging, gab es dafür drei potentielle Nutzergruppen.

Nach einem zähen Diskurs und einem ebensolchen Auswahlverfahren fiel die Entscheidung auf den jetzigen Verein, der sich "Positive Future" nennt. Vereinsmitglieder sind zumeist Jungerwachsene, die aus dem Umfeld der Aids-Hilfe Hamburg stammen, z.T. selbst HIV-positiv sind und bisher eher in der Vereinzelung lebten.

Die besagte Immobilie ist der Lawaetz-GmbH durch die Eigentümerin, die Freie und Hansestadt Hamburg, offeriert worden, weil örtliche Infrastrukturmaßnahmen, die erst zum Leerstand führten und dann den Abriß zur Folge gehabt hätten, obsolet geworden waren. Zusätzliche Attraktivität gewann das Haus durch die Aussage, daß es sofort bezugsfertig sei, also ohne Sanierungsaufwand genutzt werden könne. Da das Erdgeschoß leerstand, weil es zuvor durch den Vorpächter, einen Malerbetrieb, als Gewerbe- und Abstellraum genutzt wurde, kam den Vereinsmitgliedern die Idee, auch diese Räume für Vereinszwecke auszubauen.

In Zusammenarbeit mit der Lawaetz-GmbH, die das Objekt bisher nur verwaltete, wurde ein Konzept entwickelt, das vorsah, das Haus gemäß den Vereinserfordernissen auszubauen.
In dieses Konzept aufgenommen wurden auch noch einige Reparaturen in den bewohnten oberen Geschossen sowie Isolier- und Sanitärarbeiten. Im wesentlichen sah das Konzept aber vor, das Erdgeschoß auszubauen, um dort noch weiteren Wohnraum - auch Krankenzimmer - sowie Gemeinschaftsräume, die der Verein für seine besondere Öffentlichkeitsarbeit braucht, zu schaffen.

Von den Vereinsmitgliedern konnte in Anbetracht ihrer spezifischen Situation nur begrenzt handwerkliche Selbsthilfe erwartet werden. Ein Großteil der sonst notwendigen Eigenleistung wurde deshalb durch die Behörde für Arbeit, Gesundheit und Soziales (BAGS) finanziert.

Es ist gut, das Haus, sozusagen auf der damaligen Schnittstelle zwischen bäuerlichem Erwerbsgebiet und den raumgreifenden Wohnansprüchen der Großstadt gelegen, für die jetzigen BewohnerInnen erhalten zu haben: Lebens- und Wohnqualität bieten nach Westen hin ein Biotop und Brachgebiet, dessen zukünftige Nutzung als Gewerbegebiet eher unwahrscheinlich ist. Nach Osten hin erstreckt sich ein reizvolles Naherholungsgebiet mit kleinen Flüssen, Seen und Dünen.

Die Projektmitglieder, die fast alle suchtgefährdet waren, haben sich einen strengen Kodex auferlegt - bei Rückfall gelten harte Sanktionen. Ansonsten ist im Projekt der gewollte Alltag eingekehrt. Ein Teil der Vereinsmitglieder geht einer geregelten Erwerbstätigkeit nach, andere jobben, ein kleinerer Teil studiert.
Die Vereinssatzung formuliert einen

Solidargedanken, der dem Selbsthilfeansatz und der Eigenverantwortung Rechnung trägt, daneben aber auch durchlässig ist für außenstehende Betroffene usw.: "Der Verein fördert Selbsthilfeaktivitäten von HIV-Positiven, Ex-Usern, substituierten Drogenabhängigen, Schwulen und Lesben sowie von Angehörigen anderer Randgruppen und dient damit unmittelbar der Förderung der öffentlichen Gesundheitspflege."

(Pit Hiemstra)

Pusteblume

Projekt	Ausbildungswerkstatt Pusteblume Hohenwischer Straße 209 21129 Hamburg
Rechtsform	Eingetragener Verein
Eigentums- verhältnisse	Eigentümerin: Freie und Hansestadt Hamburg Verwalterin: Lawaetz-Stadtentwicklungs GmbH
Gebäude	Etwa 1910 errichtetes Dorfschulhaus, zweigeschossiger Putzbau
Sanierung	Wohn- und Werkstattbereich Planung: 1988 Baumaßnahme: 1989 bis 1990
Größe	280 qm Wohn- und Nutzfläche, davon 40 qm Werkstatt, 1 Wohneinheit, 7 Personen
Baukosten	DM 288.000,- (inkl. Selbsthilfe)
Eigenleistung	DM 35.000,- handwerkliche Selbsthilfe
Förderung	STEB, ABB-Programm für den Wohnbereich: DM 223.000,- Bezirkliche Sondermittel für den Gewerbebereich: DM 30.000,-
Architektur	Planerkollektiv Günter Trommer Paulinenallee 32 20259 Hamburg
Baubetreuung	Lawaetz-Stiftung, Frido Röhrs, Pit Hiemstra

Kombiniertes Wohnen und Arbeiten: Die Ausbildungswerkstatt Pusteblume

Hinter dem poetischen Vereinsnamen, der auch Programmatisches transportieren soll, verbirgt sich ein ernsthaftes Anliegen: Wie kann man der anhaltend hohen Zahl von Arbeitslosen, insbesondere im Lehr-, Lern- und Ausbildungsalter, begegnen und Jugendlichen eine sinnvolle Beschäftigung anbieten?

Eine Handvoll Harburger Sozialpolitiker sowie ein technisch versierter Projektleiter stellten sich dieser Frage und errichteten, zunächst an anderer Stelle und in sehr beengten Verhältnissen, eine Werkstatt, in der sowohl arbeitsmarktorientiert als auch ökologisch sinnvoll gearbeitet werden sollte.

Das Projekt, fachbehördlich flankiert, stieß in eine Marktlücke, die inzwischen immer neue Nachfragen auslöst.

Gemeint ist die Erstellung von Schulgewächshäusern und Windkrafträdern unter Verwendung von Altmaterialien. Arbeitsmarktorientiert ist dieser Ansatz deshalb, weil er nach wie vor gefragte handwerkliche Qualifikationen vermittelt, die im Groß-Hamburger Raum gesucht werden. (Alle vorkommenden Fähigkeiten und Kenntnisse in Schweißen, Brennen, Bohren, Drehen usw. sind Grundanforderungen in Metallgewerken.)

Durch eine fachkundige Anleitung werden alle Beschäftigten schrittweise in den Stand versetzt, überall auf der breiten Anforderungspalette (vom Haushandwerker bis zum Schlossergehilfen) arbeiten zu können, denn trotz zunehmender Dienstleistungs- und Serviceangebote hält die Freie und Hansestadt Hamburg immer noch eine große Zahl von Berufen und Arbeitsplätzen in traditionellen Industrien und deren Umfeld vor.

Ökologisch sinnvoll ist das Projekt u.a. deshalb, weil es systematisch Altmaterialien und Rohstoffe aus Altmetallverwertungsanlagen aufarbeitet und daraus etwas Neuwertiges herstellt. Der sparsame Umgang mit Material, aber auch die natürliche Energiegewinnung sind weitere positive Merkmale. Abnehmer sind in aller Regel Hamburger Schulen, die damit ihre Schüler auf kostenschonende Art und Weise von eindimensionalem Buchwissen in die Praxis überführen können.

Mit diesem Ausbildungsangebot hatten die Harburger besonders benachteiligte Jugendliche mit sozialen Defiziten als Zielgruppe in Betracht gezogen, die häufig auch aus instabilen Familienverhältnissen stammen. Der Gedanke lag nah, speziell diesem Personenkreis ein kombiniertes Angebot - Wohnen und Arbeiten - zu machen.

Mit der aufgegebenen Schule an der Hohenwischer Straße, der sogenannten "Alten Francoper Schule", wurde ein Objekt akquiriert, das beide Möglichkeiten zuließ.
Mit den oben geschilderten Grundqualifikationen der Vereinsmitglieder, erweitert um bauhandwerkliches Know-how und - wo nötig - durch Auftragsvergabe an Fachfirmen, wurde das Vorderhaus als Wohnquartier und der langgestreckte, eingeschossige Anbau als Werkstattbereich instandgesetzt.

Im Wohngebäude wohnen wechselnd ständig bis zu acht Personen, d.h., von hier aus besteht die Möglichkeit eines Wohnungswechsels in eine Sozial- oder anderweitige Wohnung.
Den Werkstattbereich haben inzwischen 30 Jungerwachsene durchlaufen, die sich nun zum Teil in befristeten, zum Teil aber auch in festen anderweitigen Arbeitsverhältnissen befinden.

Eine Besonderheit bei diesem Projekt war, daß die bereits bewilligten Fördermittel nicht ganz ausgeschöpft wurden. Ein kleiner Teil konnte durch sparsamen Umgang zurückgezahlt werden.

(Pit Hiemstra)

Projektgruppe „Pusteblume" errichtete Gewächshaus

ag Hausbruch – Auch wenn die Schüler keinen Löwenzahn anpflanzen werden, die „Pusteblume" half ihnen gern na ungestört entwickeln können, sollte jede Klasse auch ein Kulturbeet anlegen. Bishe scheiterte das Projekt

Rabenhorst

Projekt	Jugendhilfe e.V. Geschwister-Scholl-Straße 8 20251 Hamburg
Rechtsform	Eingetragener Verein
Eigentums- verhältnisse	Eigentümerin: Freie und Hansestadt Hamburg Verwalterin: Lawaetz-Stadtentwicklungs GmbH
Gebäude	Eingeschossiges Doppelhaus mit Stufengiebel, erbaut 1915
Sanierung	Planung: 1991 Baumaßnahmen: Herbst 1992 bis Herbst 1993
Größe	182 qm Wohn- und Nutzfläche, 2 Wohneinheiten, 6 BewohnerInnen
Baukosten	DM 534.000,-
Eigenleistung	DM 63.000,- handwerkliche Selbsthilfe DM 150.000,- Fremdmittel (Ökobank)
Förderung	STEB, ABB-Programm: DM 271.000,- Behörde für Schule, Jugend und Berufsbildung: DM 50.000,-
Architektur	Martin Reiber Alsterkrugchaussee 108 22297 Hamburg
Baubetreuung	Lawaetz-Stiftung, Harald Gerke, Pit Hiemstra

Ein Zuhause für "heimlose" Jugendliche

Ein Verein wie die "Jugendhilfe e.V." ist dann nötig, wenn traditionelle Erziehungsmethoden und -möglichkeiten im Familienverband an ihre Grenzen stoßen.
Dies ist entweder dann der Fall, wenn die Erziehungsberechtigten oder deren Vertreter, sei es durch interne oder externe Umstände, zur Erziehung nicht in der Lage sind oder aber Jugendliche aus zerrissenen Familienstrukturen auf sich selbst gestellt aufwachsen müssen.
Die staatliche Sozialpolitik reflektierte dieses seit 25 Jahren immer massiver werdende Problem zwar, war aber im Kern eher auf eine Stabilisierung der Zwei-Generationen-Familie ausgerichtet. Dementsprechend galt die Fürsorge der Aufrechterhaltung eines intakten Familienverbandes, dies möglichst am Wohnort.

Wenn nicht anders möglich, wurde daneben bis Ende der 70er Jahre die Verpflichtung zur Versorgung und Erziehung von elternlosen, schwererziehbaren, mißbrauchten und/oder mißhandelten Jugendlichen oder Kindern aus Krisenregionen in Heimen vollzogen. Trebegänger, modern "Run-aways" genannt, sind, sofern nicht mehr familiär/verwandtschaftlich zuzuordnen, darin mit einbezogen.
Daß diese Einrichtungen, materiell und personell chronisch unterversorgt, von daher selbst stiefmütterlich behandelt, nicht sonderlich beliebt und erfolgreich waren, ist evident. Vielen Sozialisationsdefiziten, die sich in den Einrichtungen entwickeln und die oft in späteren Lebensabschnitten manifest werden, wurde hier - wenn überhaupt - autoritär/hierarchisch begegnet. Die Folgewirkungen, die in vielen Untersuchungen sehr fundiert ausgeleuchtet wurden, führten jedenfalls dazu, daß die Heimerziehung reformiert wurde. Neben den gemachten Erfahrungen und vielen anderen Erkenntnissen resultierte daraus,

daß auch vermehrt nichtstaatliche Träger (die aber auch schon vorher immer einen bestimmten Teil der Betreuung abdeckten) sich dieser Aufgaben annahmen. Auch der reine Aufbewahrungscharakter, ebenfalls ein Ergebnis des Schlüssels Erziehender/ Erzogener sollte (zuerst eher in zarten Ansätzen) überwunden werden. Seinen Niederschlag in Hamburg fand dieser Ansatz in einer Bürgerschaftsbefassung im Jahre 1980, die prägnant mit "Menschen statt Mauern" betitelt wurde. Hiermit fand nicht nur die "geschlossene" Unterbringung ein Ende, überhaupt sollte die Heimunterbringung den regionalen Ansätzen weichen.
Damit wurden zwar keine Dämme eingerissen, aber die auf der Hand liegende "humanere Pädagogik" dieses Ansatzes fand ihren Weg in viele Amtsstuben und vor allem auch in größere, freie Verbände, die sich diesem Thema nun auch ihrerseits anders stellten bzw. stellen konnten.

Der Verein "Jugendhilfe e.V." im besonderen entwickelte ein Konzept des "betreuten Jugendwohnens", das in der Regel die Anmietung einer "Doppelwohnung" vorsieht; d.h. möglichst auf einer Etage und nebeneinander gelegen werden zwei Wohneinheiten angemietet. Eine Wohnung wird dann von den zu betreuenden Jugendlichen bezogen, die andere von engagierten Betreuern, die aber einer andersartigen Erwerbsarbeit nachgehen. Verstreut über die ganze Stadt, wohnen diese Jugendlichen in der Regel in Sozialwohnungen, gehen zur Schule oder zur Ausbildung, bekommen Schulgeld, Ausbildungsbeihilfen oder staatliche Transferleistungen. Das unterstützende Angebot, intern über die Nachbarschaftswohnung, extern über die bezirklichen sozialen Dienste, ist der Rahmen, in dem möglichst viel Normalität und Alltag einkehren sollen. Das Rahmenangebot wird daher eher als Notnagel, etwa im Falle einer Krisenintervention begriffen.

Dieses pädagogische Konzept ist erfolgreich. Seine Realisierung wurde zunehmend schwieriger, auch da geeignete Objekte knapp und teuer waren. Es lag also nahe, sich nach weiteren Möglichkeitem umzusehen. Daß dabei

> **Fürs Heim zu alt, für die Selbständigkeit zu jung:**
> # Neun Jugendliche suchen neue „Eltern"
>
> Jugendliche in Nöten: Neun Jenfelder Mädchen und Jungen im Alter zwischen 15 und 18...

eine Haussanierung zustande kam, ist ein Novum. Gleichwohl hat es allen Verfahrensbeteiligten Vorteile gebracht:

- Jugendliche und Betreuer wohnen in einem Haus über zwei Etagen, ringsherum gibt es nur Grün
- Der Verein hat über die Instandsetzungsmaßnahme inklusive Eigenleistung ein handwerkliches Know-how" für denkbare Nachfolgeprojekte hinzugewonnen
- Der Zweite Arbeitsmarkt konnte mit unterschiedlichen Gewerken einbezogen werden
- Die Lawaetz-Stiftung hat in relativ kurzer Bauzeit ein denkmalschutzwürdiges Haus kosten- und mietpreisgünstig einer sozialpolitisch sinnvollen Nutzung zuführen können
- Und selbst der ortsansässige Bürgerverein des saturierten Stadtteils hat seine anfängliche Skepsis mittlerweile aufgegeben

Ein besonderes Problem stellte die Finanzierung der Restkosten, die von STEB und Selbsthilfe nicht gedeckt werden konnten, dar. Hier ist es gelungen, über Abtretung aus der Miete einen Kredit über die Ökobank ohne grundbuchliche Sicherung finanziert zu bekommen. Eine solche Sicherung ist nicht möglich, weil städtische Objekte nicht beliehen werden dürfen.

(Pit Hiemstra)

Schäferstraße 10 a und b

Projekt	Auferstanden aus Ruinen e.V. (Wohnprojekt 10 b) und drei türkische Familien (Einzelmieter 10 a) Schäferstraße 10b 20357 Hamburg
Eigentumsverhältnisse	Eigentümer des Grundstücks Schäferstraße 10, 10 a, 10 b, ist die Wohnungsbaugenossenschaft Schanze e.G.
Gebäude	Das Gebäudeensemble besteht aus einem Vorder- und zwei nebeneinanderliegenden Hinterhäusern. Das Vorderhaus ist ein viergeschossiges Gebäude mit ausgebautem Souterrain aus dem Ende des letzten Jahrhunderts. Die Hinterhäuser, die im Rahmen des ABB-Programms instand gesetzt wurden/werden, sind dreigeschossige Gebäude, jetzt mit ausgebautem Dachgeschoß (10 a), ohne Keller
Sanierung	Planungsbeginn für die Sanierung der Hinterhäuser: 1991. Beginn der Baumaßnahmen: Anfang 1993. Fertigstellung der Gebäude: Sommer 1994
Größe	Die förderungswürdige Gesamtfläche der beiden Hinterhäuser beträgt 537,04 qm. Darin enthalten ist der Ausbau des Dachgeschosses der Schäferstraße 10 a zu einer Wohnung. Insgesamt hat die Schäferstraße 10 a eine Nutzfläche von 268,22 qm mit vier Wohneinheiten. Die Schäferstraße 10 b hat eine Nutzfläche von 268,82 qm und wird in Zukunft als eine Wohneinheit (Gruppenwohnung) genutzt
Baukosten	Die förderungsfähigen Baukosten betrugen: Schäferstraße 10 a und 10 b 1.614.000,- DM (inkl. Selbsthilfe)
Eigenleistung	120.380,- DM Eigenleistung, davon ca. 90.000,-DM handwerkliche Selbsthilfe
Förderung	ABB-Programm
Architektur	Beata Huke-Schubert, Grindelallee 184, 20359 Hamburg
Bauleitung	Mirko Jovanovic
Baubetreuung	Stattbau Hamburg GmbH, Manfred Gerber, Rosemarie Oltmann

Die Vorgeschichte spielte sich in einem anderen Projekt ab

Bevor der Gebäudekomplex der Schäferstraße 10, 10 a, 10 b von der Schanze e.G. gekauft wurde und die Hinterhausgebäude der Schäferstraße 10 a und 10 b im Rahmen des ABB-Programmes instandgesetzt wurden, ereignete sich folgendes:

Es begann 1988. Das zum Abriß vorgesehene Hinterhaus Kleiner Schäferkamp 46 a und b wurde von jungen Leuten besetzt. Nach intensiven Diskussionen und Gesprächen mit dem Bezirk Eimsbüttel und der Eigentümerin wurde 1989 die Planung für das Haus geändert. Das Gebäude sollte nicht mehr abgerissen werden. Statt dessen sollte es durch ein Wohnprojekt genutzt und im Rahmen des ABB-Programmes instandgesetzt werden. Unstrittig war auch, daß das Vorderhaus Kleiner Schäferkamp 46 nach der Modernisierung und Instandsetzung sanierungsbetroffenen MieterInnen aus dem Bezirk Eimsbüttel zur Verfügung gestellt werden sollte. In der Folgezeit liefen sehr aufwendige Verhandlungen mit den verschiedenen Behörden, der Eigentümerin und dem Bezirk. Im Juli 1989 wurde ein Erbbaurechtsvertrag zwischen der Eigentümerin und der Stattbau abgeschlossen. Die Baubehörde (heute Stadtentwicklungsbehörde) bewilligte die Planungsmittel für das Hinterhaus. Im Juli 1989 stellte die Baubehörde die Bedingung, daß auch das Vorderhaus im Rahmen des ABB-Programmes gefördert werden sollte, da eine normale Modernisierungsförderung aufgrund der Fördergrenzen nicht in Frage kam. Indessen hatte das Hinterhausprojekt immer signalisiert, daß es sich nicht auf das Vorderhaus ausdehnen wollte. Zur gleichen Zeit bemühte sich eine türkische Gruppe, bestehend aus drei Familien, um die Wohnungen des Vorderhauses, da sie seit langem aus ihrer jeweiligen beengten Wohnsituation herauszukommen versuchte. Während der Sommerpause 1989 konnte das Vorderhausprojekt für die türkischen Familien nicht näher besprochen werden. In dieser Situation bewarb sich eine mit dem Hinterhaus befreundete Frauengruppe um dieses Haus. Danach fanden mehrere Gespräche mit den beteiligten Gruppen, PolitikerInnen und dem Sanierungsträger statt, um eine Lösung zu finden. Der Bezirk hielt am Projekt der türkischen Familien fest. Anfang des Jahres 1990 riß der Kontakt der Gruppen untereinander ab. Im April 1990 gab der Koordinierungsausschuß Eimsbüttel dem Bezirksamt die Empfehlung, sich für die türkischen Familien bzw. das türkische Projekt zu entscheiden. Die Bezirksversammlung Eimsbüttel folgte dieser Empfehlung.

Kleiner Schäferkamp 46

Die Planungen für beide Projekte (Vorder- und Hinterhaus) wurden parallel betrieben, wobei die Bewilligung der Zuschüsse für die Instandsetzung des Vorderhauses unter der Bedingung erfolgte, daß die tatsächliche Nutzergruppe durch das Bezirksparlament benannt werden sollte. Der Leerstand des Vorderhauses, die Vorstellungen des Hinterhausprojektes hinsichtlich des Vorderhauses (hier soll eine befreundete Gruppe wohnen) und der langandauernde Lösungsprozeß, welche türkischen Familien bzw. welches türkische Projekt zukünftig die Wohnungen im Kleinen Schäferkamp 46 bewohnen sollten, weckten die Begehrlichkeiten auf diesen Wohnungsleerstand. Das Projekt des Hinterhauses schloß zügig mit der Stattbau einen Nutzungsvertrag ab, der Zuwendungsbescheid für die Instandsetzungsmittel für die Hinterhäuser Kleiner Schäferkamp 46 a und 46 b lag auf dem Tisch. Genau in dieser Zeit besetzte eine neue Wohngruppe das Haus im Kleinen Schäferkamp 46. Weitere längere Auseinandersetzungen folgten. Vor dem Hintergrund einer zu befürchtenden Räumung stellte Stattbau-Geschäftsführer Herbert Brinkmann eindeutig gegenüber allen Beteiligten am 5.9.90 fest:

"Stattbau wird diesen Konflikt nicht mit Gewalt lösen. Insoweit entsprechen wir den Erwartungen. (...) Wir können nur versprechen, ebenso wie in der Vergangenheit jedem Hinweis auf eine mögliche Alternative nachzugehen."

Zwei Gruppen, zwei Häuser

Als mögliche Alternative bot sich dann die Schäferstraße 10, 10 a, 10 b an. Es war bekannt, daß die Hinterhäuser der Schäferstraße weitgehend leerstanden und der damalige Eigentümer Grundstück und Gebäude der Schäferstraße 10, 10 a, 10 b verkaufen wollte. Die Verkaufsaufgabe über das Mehrfamilienhausgrundstück beschrieb das Grundstück und Gebäude und pries es folgendermaßen an:

"Die Schäferstraße ist eine ruhige Wohnstraße im beliebt und zentralen Stadtteil Eimsbüttel/Schanzenviertel. Das Grundstück liegt im Bereich des Sanierungsgebietes Eimsbüttel S1, Schanzenviertel/Weidenallee. Das Grundstück wurde im Jahre 1896 mit einem Vorderhaus in geschlossener Bauweise und einem freistehenden Hinterhaus - zugänglich über einen Torweg - bebaut. Es beinhaltet 10 Wohnungen. (...) Das Hinterhaus mit gestaltungsfähigem Hofambiente besitzt eine Fassade aus Verblendstein und Putzflächen, die Giebel- und Rückseite sind geputzt. (...) D laufenden, kleineren Instandhaltungen wurden durchgeführ jedoch bedürfen einige Gebäudeteile nicht unerhebliche Sanierung (aufsteigende Feuchtigkeit, Wärmedämmungsprobleme an den Rückseiten, Schwammbefall). Aus diese Grunde wurden freiwerdende Einheiten nicht wieder vermietet, um einem Erwerber eine zügige Sanierung zu erleichtern."

Im Sommer 1990 machte Stattbau dem Eigentümer ein Kaufangebot. Der Eigentümer reagierte jedoch nicht, statt dessen schloß er mit einem anderen Käufer einen Vertrag ab. Dieser lag dem Bezirksamt Eimsbüttel zur Prüfung vor. Da sich im

Konflikt um den Kleinen Schäferkamp 46 (Vorderhaus) keine Lösung des Problems abzeichnete, insistierte Stattbau und versuchte, den potentiellen Käufer davon zu überzeugen, Grundstück und Gebäude durch die Schanze e.G. zu gleichen Bedingungen ihm wieder abzukaufen. Der Käufer bzw. Verkäufer (der Vertrag war ja bereits geschlossen) stimmte dem Kauf durch die Schanze e.G. zu, nicht zuletzt deshalb, weil ihm sonst Ärger ins Haus gestanden hätte. Parallel versuchte die Stattbau, für das Projekt Hinterhaus Schäferstraße 10 a und b die grundsätzliche Förderungswürdigkeit zu erhalten. Am 3. Dezember 1990 erhielt Stattbau vom Amt für Stadterneuerung die Bestätigung, daß das Hinterhausprojekt grundsätzlich als förderungsfähig anerkannt und im ABB/AST-Programm gefördert werden sollte. Am 6. Dezember 1990 wurde der Kaufvertrag zwischen dem Verkäufer und der Schanze e.G. geschlossen.

Mit dem Ankauf der Schäferstraße 10, 10 a und 10 b war der Konflikt um die Nutzungskonkurrenzen beigelegt. Für alle Beteiligten war klar, daß nunmehr das türkische Projekt in der Schäferstraße 10 a unterkommen sollte, allerdings erst nach der Instandsetzung der Gebäude, denn vorher boten sich dafür nicht die Möglichkeiten. Die Hinterhausgebäude waren in einem so schlechten Zustand, daß kaum vorstellbar war, daß dort überhaupt noch jemand wohnen konnte. In den unteren Wohnungen der 10 a und 10 b waren die Böden bereits herausgerissen, Feuchtigkeits- und Modergeruch schlug einem entgegen. Dennoch waren in der 10 a drei Wohnungen vermietet. Für die Altmieter konnten im Laufe der Zeit mit Hilfe des Sanierungsträgers und der Schanze e.G. selbst (sie hat im Vorderhaus eine leerstehende Wohnung zügig instandgesetzt und konnte sie dann an eine Einzelmieterin aus dem Hinterhaus vermieten) Ersatzwohnungen gefunden werden.

Der Beginn der Planungen in der Schäferstraße 10 a und 10 b

Zu Beginn des Jahres 1991 begannen die Planungen zur Instandsetzung der Hinterhäuser. Mit dem Bezirk mußte abgestimmt werden, wie groß die Wohnungen für die türkischen Familien sein sollten und wie diese Wohnungen in dem Gebäude 10 a untergebracht werden konnten, denn die Voraussetzungen in bezug auf die Wohnungsgrößen im Bestand waren nicht so günstig wie die im Kleinen Schäferkamp. Um die Schäferstraße 10 b bemühte sich eine Wohngruppe mit neun Personen. Auch mit dieser Wohngruppe mußte das Gesamtkonzept besprochen werden. Bei all dem Bemühen durfte nicht herauskommen, daß es wieder zu einer Verdrängung der türkischen Familien kommen würde, denn die Wohngruppe beanspruchte ebenso ihren Platz und wollte nicht das fünfte Rad am Wagen sein.

Das Wohnprojekt des Kleinen Schäferkamps 46 konnte bleiben. Da aber der Ankauf der Schäferstraße 10, 10 a und 10 b wesentlich teurer war als der des Kleinen Schäferkamps (nach Auflösung des Erbbaurechts und Ankauf) wurde mit diesem Projekt eine Vereinbarung des Mietenpoolings beschlossen, d.h., dieses Projekt mußte sich durch Ausgleichszahlungen an der Finanzierung der Schäferstraße (für das türkische Projekt) beteiligen.

Anfang 1993 waren alle Bedingungen geschaffen.

1. Drei Wohnungen für die türkischen Familien konnten in der Schäferstraße 10 a untergebracht werden
2. Für das Wohnprojekt "Auferstanden aus Ruinen" konnte das Gebäude 10 b so geplant werden, daß Raum für neun Erwachsene und inzwischen ein Kind bereit steht
3. Der Kleine Schäferkamp 46 (Vorderhaus) gab die Zustimmung zum Mietenpooling

Unter diesen Voraussetzungen erteilte dann die Stadtentwicklungsbehörde den Zuwendungsbescheid für die Instandsetzung und die Teilmodernisierung.

Mit dem Bau wurde dann im Frühjahr 1993 begonnen. Die Wohngruppe beteiligte sich in erheblichem Maße durch Selbsthilfe an dem Bau. Dabei war es egal, ob die Selbsthilfe in der Schäferstraße 10 b oder in der 10 a erfolgte. Die drei zukünftigen türkischen Familien, die die Wohnungen beziehen werden, sind bereits namentlich durch den Sanierungsträger bekanntgegeben worden. Eine gemeinsame Sitzung zwischen der Wohngruppe und den türkischen Familien hat es ebenfalls gegeben. Dabei wurde von seiten der Familien ebenfalls Interesse bekundet, sich durch Selbsthilfe am Bau zu beteiligen. Sie werden die Malerarbeiten in den Wohnungen übernehmen.

(Rosemarie Oltmann)

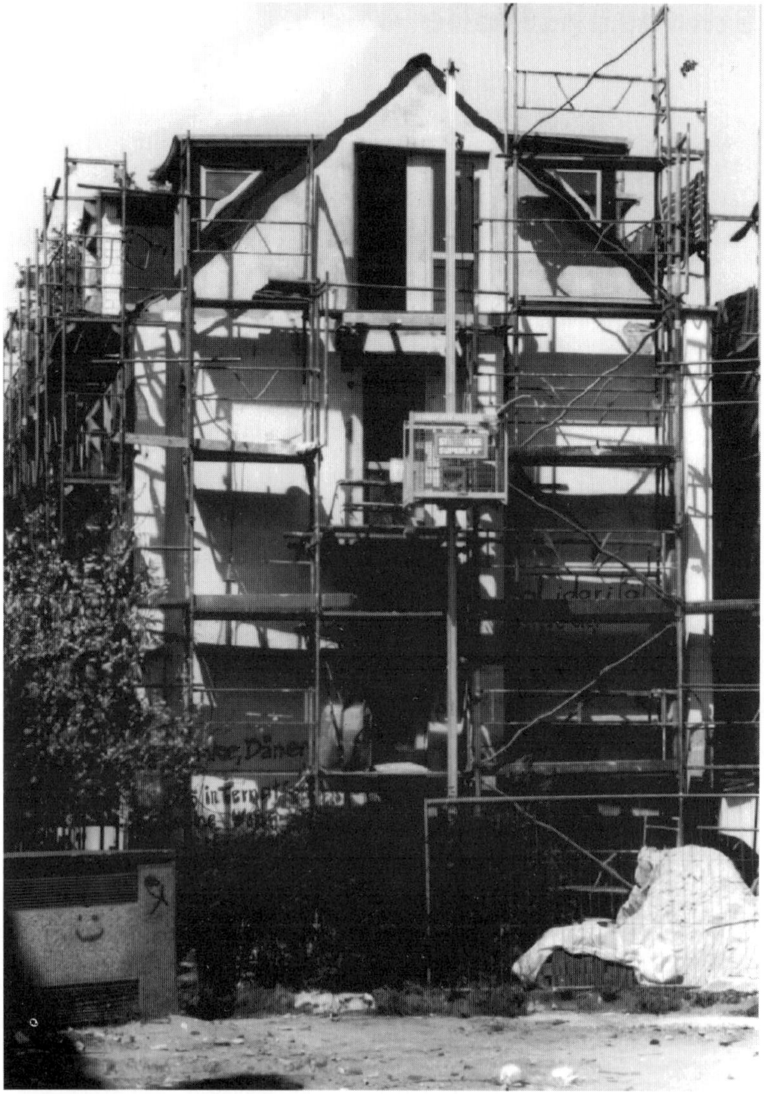
Däner

Schanzenstraße 41 a

Projekt	Meyer, Schulz, Neumann und Conserven GbRmbH
Rechtsform	Gesellschaft bürgerlichen Rechts mit beschränkter Haftung
Eigentumsverhältnisse	Eigentümer ist die Wohnungsbaugenossenschaft Schanze e.G. Die GbRmbH hat die Gebäude der Schanzenstraße 41 a (Haus 1,2,3,4,7,9,11) über einen Gesamtnutzungsvertrag angemietet
Gebäude	Die Gebäude der Schanzenstraße 41 a sind viergeschossige Arbeiterwohnterrassen aus der Zeit der Jahrhundertwende. Die sogenannten Hamburger Terrassen entstanden meist zum Ende des Jahrhunderts und dienten der schnell anwachsenden Hafen- und Industriearbeiterschaft als billiger Wohnraum
Sanierung	Beginn der Planungen: Sommer 1988. Baubeginn: Dezember 1988. Ende der Baumaßnahme: Frühjahr 1994.
Größe	Förderungsfähige Gesamtnutzungsfläche 1.911,15 qm. Die Gesamtnutzungsfläche wird als ein Gemeinschaftswohnprojekt in einzelnen Wohneinheiten genutzt, mit Ausnahme von zwei Altmietparteien auf je 56,4 qm
Baukosten	Die förderungsfähigen Baukosten betragen ca. 4 Mill. DM (inkl. Selbsthilfe)
Eigenleistung	600.000,- DM handwerkliche Selbsthilfe
Förderung	ABB-Programm
Architektur	in den Anfängen: Planerkollektiv Joachim Reinig, Paulinenallee 32 ab März 1989: Claudia Burkard und Detlef Rapp, Nernstweg ab Januar 1991: Lothar Taubert, Schanzenstraße 41 a
Baubetreuung	Stattbau Hamburg GmbH Uwe Jentz, Thomas Schröder, Manfred Gerber, Reiner Schendel, Josef Bura

In der Schanzenstraße 41a stehen Wohnungen leer!

"Hafen bleibt, Schanze kommt"

Bevor die Häuser in der Schanzenstraße 41a im Rahmen des alternativen Baubetreuungsprogrammes instandgesetzt wurden, gab es heftige Auseinandersetzungen um diese Gebäude, die monatelang die Öffentlichkeit in Hamburg beschäftigten.
Mit einem Besuch der Terrassen (Kuchenparty) der Schanzenstraße 41a fing alles an:

"Kaffee, Kuchen und Transparente belebten am Samstag den Hinterhof der Schanzenstraße 41a, der seit drei Jahren offiziell auch dem Senat erhaltenswert erscheint. Auf dem Papier zumindest, Haus- und Grundeigentümer (...) ließ sich davon noch nie beeindrucken. Seine Arbeiter-Terrassen aus der Gründerzeit verfallen; die meisten Mieter, so ist zu hören, sind ganz freiwillig ausgezogen."
(01.06.1987, die tageszeitung)

Die BesucherInnen der Schanzenstraße 41a waren davon überzeugt, daß es sich in den Rebienschen Terrassen wohnen ließe und die Zerstörungen reparabel seien. Auf ihren Transparenten stand zu lesen: "Kollektive Struktur statt Luxuswohnzellen", "Hafen bleibt, Schanze kommt" oder auch "Nur wer Mut hat zu träumen hat auch Kraft zum Kämpfen". (Mit Hafen ist das Wohnprojekt in der St. Pauli-Hafenstraße gemeint, welches über zehn Jahre in Hamburg von Räumung bedroht war.)

Für die Besucher der Terrassenhäuser war es klar, daß die "Kuchenparty" nicht der letzte Besuch war. Die Besuchsaktionen sollten wiederholt werden.

"Schanzenstraße: 50 Wohnungen besetzt!"
(29.06.1987, Morgenpost)

Von den fünfzig Wohnungen in der Schanzenstrasse 41a waren noch elf Wohnungen vermietet, selbst diese befanden sich in einem schlechten Zustand. Für drei der sieben Häuser lagen bereits Abrißgenehmigungen vor. Der Eigentümer hatte zwar Totalabriß gefordert, die Behörden stimmten diesem allerdings nicht zu.

*"GESTERN war es noch ein Hottest zwischen leerstehenden Gebäuden,
HEUTE starten wir ein Wohnfest in den von uns besetzten und belebten Häusern, und
MORGEN machen wir ein Volxfest in der ganzen Stadt."*
(Flugblatt der Besetzer)

Unter diesem Motto begannen die BesetzerInnen, gegen den Leerstand in der Schanzenstraße 41a zu kämpfen. Sie wollten nicht in durchgeplanten Betonsilos kaserniert werden, sondern wollten sich mit der Besetzung selbstbestimmte Lebensräume erhalten und schaffen. Sie forderten: Kein Abriß der Häuser, unbefristete Mietverträge, Beseitigung der Schäden durch den Eigentümer u.a. mehr.

Mit den Renovierungsarbeiten wurde sofort begonnen. Kontakt zum Eigentümer wurde bereits Mitte Juni aufgenommen, doch dieser hatte zu den Forderungen der Besucher/Besetzer keine Stellung bezogen. Statt dessen reagierte er mit Räumung.

"Schanzenstraße 41 geräumt! Genau 49 Stunden nach der Besetzung der Terrassenhäuser in der Schanzenstraße 41a ist gestern Mittag der Gebäudekomplex von einem starken Polizeiaufgebot geräumt worden. Wenig später begannen Mitarbeiter des Eigentümers Rebien unter Polizeischutz mit der systematischen Demolierung der historischen Häuser, womit der Absicht des Eigentümers, die Häuser abzureißen, Nachdruck verliehen wurde. Dabei machten die Arbeiter in ihrer Zerstörungswut selbst vor der Tür der letzten vermieteten Wohnung nicht halt." (30.06.1987, die tageszeitung)

Auch nach der Räumung geben sich die BesucherInnen/BesetzerInnen der Schanzenstraße nicht geschlagen. Sie wußten, was sie wollten, und planten weitere Aktionen für den Erhalt der Schanzenstraße 41 a. Einige der BesetzerInnen (Interessengruppe Schanzenstraße) statteten dem Besitzer einen Besuch ab. Andere StadtteilbewohnerInnen versammelten sich erneut im Hinterhof der Schanzenstraße 41 a, um die letzten TerrassenbewohnerInnen "zu schützen".

"Mit einer nächtlichen Demonstration durch das Schanzenviertel wurde nochmals der Wille unterstrichen, die denkmalschutzwürdigen Häuser zu erhalten und für ein alternatives Wohnmodell zu nutzen."
(01.07.1987, die tageszeitung)

Die Interessengruppe Schanzenstraße verlangte vom Eigentümer eine klare Zusage zur Nutzung der abrißbedrohten Häuser. Erneut wurde der Besitzer von den Besetzern besucht - ohne Erfolg.

"Es wird abgerissen, basta!"
(01.07.1987, Morgenpost)

Die Interessengruppe Schanzenstraße ließ sich nicht einschüchtern und setzte ihre Bemühungen um den Erhalt der Häuser fort, sie legte ein Nutzungskonzept vor und begann mit der Instandsetzung. Die Gruppe forderte weiter die Auseinandersetzung mit den zuständigen Stellen der Behörden zwecks Aushandlung von Verträgen und Finanzierungskonzepten. Mitte Juli ließ der Eigentümer die Gebäude von seinen Bautrupps absichern und zumauern, damit "Unbefugten" der Zugang verwehrt blieb. Das Ringen um die historischen Terrassengebäude dauerte an. Zwei Monate nach dem ersten Besuch bahnte sich im Streit um den Aßriß der Terrassenhäuser eine überraschende Entwicklung an. Der Eigentümer der Gebäude nahm über einen Anwalt Kontakt mit der interessierten Wohngruppe und dem alternativen Sanierungsträger Stattbau auf. Eine friedliche Lösung zeichnete sich ab. Mögliche Wohnmodelle sollten diskutiert werden, z.B. die Bildung einer Genossenschaft. Nur wenige Tage später fürchteten die Besetzer erneut den Abriß der Gebäude durch den Hauseigentümer.

Massive Einschüchterungen durch den Eigentümer und durch Mitarbeiter der Staatsschutzabteilung ließen die Erkenntnis wachsen, daß der Abriß kurz bevorstand.

"Die Häuser in der Schanzenstraße 41a sind gestern nicht abgerissen worden (...) zum Schutz vor einem eventuellen Überraschungscoup wurden die Häuser inzwischen gesichert." (04.08.1987, die tageszeitung)

Der Eigentümer ließ sich auf ein Stillhalteabkommen bis zum 17.08.1987 ein, und es tat sich etwas Bedeutendes:

Die Wohnungsbaugenossenschaft Schanze wird gegründet.

"Rettung für die Schanzenstraße? Heute wird die Genossenschaft gegründet."
(11.08.1987, Morgenpost)

Am 11.08.1987 wurde in den Geschäftsräumen der Stattbau die Wohnungsbaugenossenschaft Schanze gegründet. Sie hatte das Ziel, alternative Wohnprojekte zu ermöglichen, um damit gleichzeitig vom Abriß bedrohte Gebäude zu retten. Erstes Projekt sollte die Schanzenstraße 41a werden. Der Eigentümer hatte unterdessen den Abriß der Gebäude bis zum 17.08.1987 vertagt und bot der Interessengruppe Schanzenstraße den Gebäudekomplex zum Kauf an. Von seiten der GenossenschaftsgründerInnen wurden Aktionen gestartet, um das nötige Eigengeld aufzutreiben. Interessierte Menschen der Stadt Hamburg wurden aufgefordert, durch Erwerb von Genossenschaftsanteilen den Ankauf der Schanzenstraße 39 a bis 45 zu ermöglichen bzw. den Abriß der Schanzenstraße 41 a zu verhindern. Das Ultimatum bzw. Stillhalteabkommen des Eigentümers wurde bis einschließlich 24.08.1987 verlängert. Ein Verhandlungsangebot wurde vorgelegt. Projekte wie die Drachenbau e.G., die BewohnerInnen des Schröderstifts, die Handwerksgenossenschaft Lerchenhof und viele andere zeichneten Genossenschaftsanteile. Ein Mäzen tauchte auf. Doch die Geduld des Eigentümers hing am seidenen Faden. Der Kampf um den Erhalt der historischen Gebäude war noch nicht gewonnen. Zum Ende des Monats August 1987 hieß es wieder:

"Schanzen-Terrassen: Doch Abriß?"
(26.08.1987, Morgenpost)
"Schanzenstraße, Gespräche geplatzt - wird jetzt geräumt?"
(26.08.1987, Bild)
"Der Schanzenstraße droht jetzt die Räumung"
(01.09.1987, die tageszeitung)
"Senat hat nichts getan" (01.09.1987, Morgenpost)
"Schanze: Hin & Her Räumung vorerst unwahrscheinlich, Finanzierung weiter unklar"
(02.09.1987, die tageszeitung)
"Doch eine Lösung für die Schanzenstraße 41a? Senat hilft nicht - aber ein Mäzen"
(03.09.1987, Hamburger Rundschau)
"Die Schanzenhäuser bleiben, Übernahme der Terrassenhäuser durch Genossenschaft perfekt/Dienstag soll der Kaufvertrag unterschrieben werden"
(05.09.1987, die tageszeitung)

Die Häuser der Schanzenstraße 39 a bis 45 werden gekauft.

Am 08.09.1987 wurde dann endlich der Kaufvertrag unterschrieben. Damit waren die Terrassenhäuser vor dem Abriß gesichert. Das Wohlwollen der Terrassenbewohner gegenüber der neugegründeten Genossenschaft Schanze war damit noch lange nicht gegeben. Sie nahmen die Solidarität der Genossenschaft zwar zur Kenntnis. Mitglied der Genossenschaft wollten sie jedoch nicht werden. Sie wollten nicht von Besetzern zu Besitzern werden. Sie forderten:

- Gesamtnutzungsverträge, die selbstbestimmtes Leben, Arbeiten, Wohnen, Planen und Bauen gewährleisten
- Anerkennung des Plenums als einziges bestimmendes Gremium der Schanzenstraße 41 a
- sofortige Finanzierung der Winterfestmachung
- Sanierungsgelder zur Instandsetzung der Häuser

"Wir lassen nicht zu, daß die Genossenschaft die Verantwortung für den Verfall der Häuser, aus der (...) jetzt z. T. entlassen ist, an uns weitergibt. Falls sie unseren Kampf gegen den Senat unterstützt, begrüßen wir dieses selbstverständlich. Weiterhin lassen wir uns nicht durch die Befriedungsfunktion der Genossenschaft zur Ruhe zwingen. Der Senat hat schon seit Jahren Institutionen wie Stattbau und Lawaetz eingesetzt, um aus politischen (Häuser-)KämpferInnen ParagraphenreiterInnen zu machen."

(Flugblatt der SchanzenbewohnerInnen)

Die BesetzerInnen gründeten eine Gesellschaft bürgerlichen Rechts mit beschränkter Haftung und nannten sich: Meyer, Schulz, Neumann und Conserven GbRmbH. Die Auseinandersetzung um den Gesamtnutzungsvertrag begann. Klar war, daß ohne Beteiligung des Projektes die neugegründete Genossenschaft Schanze nicht in der Lage war, die Finanzierung des Ankaufs der Schanzenstraße 39 a bis 45 zu gewährleisten. Am 24.03.1988 wurde der Gesamtnutzungsvertrag von der Meyer, Schulz, Neumann und Conserven GbRmbH unterschrieben, rückwirkend zum 01.03.1988. Die SchanzenbewohnerInnen zahlen seitdem regelmäßig ihre Miete an die Genossenschaft.

Der Umbau beginnt.

Im Mai 1988 beschloß das Plenum der Schanzenstraße 41 a, seine Häuser nach dem Konzept alternativer Sanierung instandzusetzen und Stattbau als Sanierungsträgerin zu beauftragen. Außerdem wurden Arbeitsgruppen zu wichtigen Fragen gebildet.
Im Juni 1988 wird der Antrag auf Förderungswürdigkeit und Zuwendung für die Planungsphase gestellt. Im Oktober 1988 erhält Stattbau den Zuwendungsbescheid für die Planungskosten als Abschlag auf die Gesamtzuwendung.
Im Dezember beginnen allerdings noch weitere Auseinandersetzungen über die Bedingungen des Gesamtzuwendungsbescheides für die Baukosten. Laut Senatsbeschluß vom 06.12.1988 sind der Genossenschaft Schanze die Instandsetzungsmittel als Darlehen zu geben. Jetzt mußte vor allem geprüft werden, was dies für die Genossenschaft bedeutete. Der Verband Norddeutscher Wohnungsunternehmen und Juristen wurden eingeschaltet, um dies zu prüfen. Die Stadt auf der anderen Seite war nicht zu erweichen, auch in diesem Fall wie üblich zu verfahren, nämlich einen Zuwendungsbescheid auszustellen. Im September 1989 wurde der Darlehensvertrag unterschrieben.

Die Instandsetzungsarbeiten begannen 1989 und wurden Mitte 1994 beendet. Mit hohem Engagement wurde in beträchtlichem Maße Selbsthilfe geleistet. Einige der BewohnerInnen haben sich u.a. über die umfangreichen Selbsthilfearbeiten vielfältige Kenntnisse in der Atlbausanierung angeeignet, die in Ausbildungs- und Arbeitsverhältnissen weitergenutzt werden konnten.

Von den elf Altmietparteien der Terrassenhäuser sind zwei übriggeblieben und wohnen nach wie vor in der Schanzenstraße 41 a. Die BewohnerInnen des Projektes haben die Umsetzung der beiden Altmieter organisiert, den Selbsthilfeanteil dieser Wohnungen mit übernommen und dafür gesorgt, daß beide Personen wieder in ihre alten Wohnungen zurückziehen konnten.

(Rosemarie Oltmann)

Schmilinskystraße 6

Projekt	Drachenbau St. Georg, Wohnungsbaugenossenschaft e.G. Schmilinskystraße 6 a 20099 Hamburg
Rechtsform	Eingetragene Wohnungsbaugenossenschaft
Eigentums- verhältnisse	Die Genossenschaft hat das Grundstück im Erbbaurecht von der Freien und Hansestadt Hamburg übernommen. Bedingung war, daß die Gruppe auch ein vermietetes Vorderhaus übernahm sowie zwei Baulücken schloß, was inzwischen geschehen ist (Neubau sozialer Wohnungsbau)
Gebäude	Bei dem im Rahmen des ABB-Programmes umgebauten Haus handelt es sich um ein dreigeschossiges ehemaliges Fabrikgebäude, welches für Wohnzwecke umgebaut wurde
Sanierung	Beginn der Planungen: 1986, Fertigstellung: Ende 1988
Größe	Förderungsfähige Gesamtfläche 1.300 qm. In sieben Wohneinheiten wohnen siebenunddreißig Menschen
Baukosten	1.909.000,- DM (inkl. Eigenleistung)
Eigenleistung	805.000,- DM, davon 133.300,- DM handwerkliche Selbsthilfe
Förderung	ABB-Programm Umweltbehörde (Gründach, Regenwassernutzungsanlage)
Architektur	Planerkollektiv Paulinenallee 32 20259 Hamburg
Bauleitung	Klaus Joachim Reinig, Wolfgang Löschner, Ronald Unger, Allen McHardy
Baubetreuung	Stattbau Hamburg GmbH, Herbert Brinkmann, Uwe Jentz

Eine alte Fabrik und noch viel mehr

Die Kerngruppe aus der Gründungs- und Vorbereitungsphase bestand aus fünfundzwanzig bis dreißig Menschen, die seit 1980 ein Objekt suchten, das sich für "gemeinschaftliches Leben in der Stadt mit Kindern" eignen sollte. Nach einigen Jahren Suche und Vorbereitung wurde in dem City-Stadtteil St. Georg ein geeignetes Grundstück gefunden, welches von der Stadt im fünfundsiebzigjährigen Erbbaurecht übernommen werden konnte. Allerdings war diese Übernahme an Bedingungen gekoppelt:
Auf dem für innerstädtische Verhältnisse recht großen Grundstück (2.389 qm) stand neben dem alten Fabrikgebäude im Hinterhof, das für das Wohnprojekt hergerichtet werden sollte, noch ein Vorderhaus mit fünf Wohnungen. Außerdem gab es zwei Baulücken, die geschlossen werden sollten. Die Gruppe entschloß sich, diese Auflagen zu erfüllen, d.h., Vorder- und Hinterhaus zu übernehmen und die beiden Lücken mit Neubauten zu schließen. Um das gesamte Vorhaben durchführen zu können, entschloß sich die nun fünfundachtzig Personen umfassende Bewohnergruppe, eine Genossenschaft zu gründen, die Drachenbau St. Georg Wohnungsbaugenossenschaft e.G.
Das gesamte Projekt besteht inzwischen aus vier Gebäuden:
- dem Hinterhaus Schmilinskystr. 6 a mit sieben Wohnungen für siebenunddreißig Personen, gefördert durch das ABB-Programm
- dem Vorderhaus Schmilinskystr. 6 mit fünf Wohnungen, 1988/89 mit Städtebaufördermitteln modernisiert
- dem Neubau Schmilinskystr. 4 mit fünf Wohnungen, gefördert als Sozialwohnungsbau durch die Wohnungsbaukreditanstalt
- dem Neubau Koppel 69 mit acht Wohnungen, davon eine rollstuhlgerecht, gefördert als sozialer Wohnungsbau durch die Wohnungsbaukreditanstalt

Von der Fabrik zum Wohnen mit Kindern

Die um 1880 errichtete Fabrik liegt im Innenhof des Gebäudeblocks Schmilinskystraße, Koppel, Gurlittstraße, An der Alster, der im Sanierungsgebiet St. Georg liegt. Das Gebäude war in einem baulich recht guten Zustand. Es besaß durchgängige Geschoßflächen, die sich für eine flexible Gestaltung der Grundrisse gut eigneten. Um die Nutzungsände- rung vom Gewerbe zum Wohnen durchzuführen, mußten Kellerersatzräume sowie größere Fenster eingeplant werden.

Beim Um- und Ausbau des Hinterhauses wurden ca. elftausend Stunden Selbsthilfe aufgebracht, das sind ca. fünfhundert Stunden pro Erwachsenem. In Selbsthilfe wurden die Schwammsanierung in einem Teil des Gebäudes, der Aufbau des Gründaches, das Stellen der Gipsfaserständerwände, die Installation der Elektrik ab Verteilerkasten, die Malerarbeiten sowie ein Teil der Außenanlagen erbracht. Für alle Beteiligten bestand das größte Problem darin, während der recht kurzen Bauzeit von zwölf Monaten die gesamte Eigenleistung eingebracht zu haben, da dies neben Job, Ausbildung oder Kinderbetreuung geschehen mußte. Dennoch wurde diese intensive Bauzeit trotz der großen Arbeitsbelastung und der damit zusammenhängenden Konflikte als positiv betrachtet, denn sie stärkte den inneren Zusammenhang der Gruppe und führte zu einer intensiven Auseinandersetzung mit der Planung der eigenen vier Wände.

Als besondere ökologische Baumaßnahme wurde in dem Projekt auf einem Teil des Fabrikgebäudes ein Gründach aufgebracht. Außerdem wurde eine Grauwasseranlage installiert, die das Wasser aus Dusche und Badewanne für die Toilettenspülung wiederverwendet. Dadurch konnte der Frischwasserverbrauch um ca. fünfzig Prozent reduziert werden.

(Tobias Behrens)

Stellungnahme des Projektes

Warum Genossenschaft ?

Drachenbau ist aus zwei Vereinen hervorgegangen, die im wesentlichen gemeinsame Ziele in bezug auf das Miteinanderwohnen hatten. Das führte im Mai 1986 zur Gründung der Drachenbau St. Georg Wohnungsbaugenossenschaft e.G.
Schwerpunkte sind und waren gemeinsame Planung des Projektes, die zu leistende Eigenarbeit und die Selbstverwaltung. Wir legen Wert auf die Gemeinschaftsflächen wie Freiflächen zum gefahrlosen Spielen für die Kinder im innerstädtischen Raum, die Werkstätten und die kostengünstige Beschaffung und Vorratshaltung von Lebensmitteln.
Den Bedürfnissen der Kinder wird in besonderer Weise Rechnung getragen, und die Wohnungen sind durch Wohngruppen, Familien und Einzelpersonen belegt, wobei ein breites soziales Spektrum erfaßt wird.
Aus den beiden Vereinen bzw. deren Umfeld hatten vor allem alleinerziehende Frauen mit Kindern und junge Erwachsene, die gerade in der Ausbildung waren oder eine beginnen wollten, Interesse angemeldet. Alleinerziehende haben zum einen durch die nachbarschaftliche Nähe zum Verein Kleinkinderhaus Koppel e.V., der in der Schmilinskystraße ein Baby- und ein Kinderhaus betreibt, und zum anderen durch die Möglichkeit gemeinschaftlicher Versorgung und Betreuung im Wohnprojekt gute Voraussetzungen, ihre benachteiligte Situation auszugleichen.
Durch das Hinzukommen von jungen Erwachsenen zur Gruppe wurde nun in die Planung ein Neubau aufgenommen, der für Jugendliche und junge Erwachsene die Möglichkeit schaffen sollte, dort zu dritt, oder bei Kombination zweier Wohnungen zu sechst, preisgünstig zu wohnen und ihrem Bedürfnis oder der Notwendigkeit nachzukommen, sich vom Elternhaus freizumachen und hier mit anderen Gleichaltrigen in ähnlicher Situation zu leben.

Damit Drachenbau überhaupt die öffentlichen Gelder (ABB-Mittel und WK-Darlehen) bekommen konnte - ohne diese wäre eine Realisierung nicht möglich geworden - mußten wir eine andere Rechtsform als die des Vereins wählen. Die Hansestadt Hamburg und auch die Hypothekenbanken wollten eine sichere Rechtsform, und die Mitglieder der Projektgruppe wollten spekulationsfreien Wohnraum schaffen. Die Genossenschaft schien (und scheint) uns die geeignete Rechtsform zu sein, die überdies auch die Mitbestimmung aller GenossInnen gewährleistet. So gründeten wir am 4.5.1986 die Drachenbau St. Georg

Wohnungsbaugenossenschaft i.G. (die noch im Laufe desselben Jahres als e.G. anerkannt wurde) auch als einen bewußten Schritt, individuelle Eigentumsformen zu vermeiden. Die Einlagen in die Genossenschaft richteten sich von Anfang an stark nach den jeweiligen persönlichen finanziellen Verhältnissen. Sie reichten in der Regel von 500 DM bis im Einzelfall 70.000 DM.

Zur Umsetzung der genannten Ziele und Ansprüche war von Anfang an klar, daß die Realisierung der Bauvorhaben nur durch eine Mischung von freifinanziertem und öffentlich gefördertem Wohnungsbau geschehen konnte. Zum einen, um solch ein Projekt überhaupt wirtschaftlich bewältigen zu können, denn nur wer ein Einkommen hat, hat überhaupt die Chance, Rücklagen zu bilden, um sie in solch ein Projekt stecken zu können. Zum anderen muß es, damit auch tatsächlich alle beteiligten Mitglieder der Gruppe mit ihren sehr unterschiedlichen wirtschaftlichen Verhältnissen (wie LehrerInnen, Angestellte, Erwerbslose, SozialhilfeempfängerInnen, usw.) im Projekt wohnen können, auch "einkommensunabhängige Wohnungen" geben und nicht nur solche, die an den §5-Schein gebunden sind. Für die wirtschaftliche Realisierung mußten von der Gruppe erhebliche Geldmittel in Form von Genossenschaftsanteilen aufgebracht werden. Diese konnten von einigen Mitgliedern nicht

oder nur teilweise aufgebracht werden. Die Mitglieder in besseren wirtschaftlichen Verhältnissen fingen dies auf, indem sie mehr Anteile einzahlten. Dadurch, daß die Gruppe einen erheblichen Anteil an Eigenleistung auch in Form von Arbeit geleistet hat und es durch die Selbstverwaltung und dadurch, daß viele Reparatur- und andere Arbeiten von Gruppenmitgliedern durchgeführt werden, kann und soll die Miete bzw. die Nutzungsgebühr möglichst niedrig gehalten werden.

Selbstverwaltung

Das Projekt ist in hohem Maße darauf angewiesen, engagierte und zur Mitarbeit bereite GenossInnen zu finden und zu halten, da es auf nahezu hundertprozentige Selbstverwaltung baut.
Die einzige Fremddienstleistung, die im Zusammenhang mit der Verwaltung und Bewirtschaftung der Häuser in Anspruch genommen wird, ist die Beratung durch einen Steuerberater des Verbandes Norddeutscher Wohnungsunternehmen. Der Hauptgrund dafür ist die Absicht, möglichst unabhängig von anderen Institutionen und Firmen agieren und eigene Vorstellungen möglichst unbeeinflußt umsetzen zu können. Daneben spielt natürlich der Aspekt der Kosten für entsprechende Serviceleistungen von Fremdfirmen eine Rolle, die die Nutzungs-

entgelte in die Höhe treiben würden.
Die Erkenntnis, daß hohe Spezialisierung zwar klare Verantwortlichkeiten möglich macht, aber zugleich auch im Projekt nicht gewollte Machtstrukturen durch <u>Herr</u>schaftswissen und ebensowenig gewollten Verschleiß einzelner Personen durch Überlastung nach sich zieht, hat dazu geführt, daß die büromäßigen und praktischen Verwaltungsarbeiten im Jahr 1992 bei einer Fortbildungsveranstaltung auf zahlreiche Mitglieder der Genossenschaft verteilt worden sind. Dies hat zwar manchmal mehr Zeitaufwand, aber auch Kommunikationsbedarf zur Folge und bewirkt dadurch eine gleichmäßigere Verteilung der Verantwortung und des Wissens um die wirtschaftliche Lage des Projektes und die daraus folgenden Notwendigkeiten.

Im Idealfall sollte jedes Mitglied der Genossenschaft jede anfallende Verwaltungsarbeit bewältigen können, ein Anspruch allerdings, der schon wegen der unterschiedlichen zeitlichen Möglichkeiten (Teilzeit/Vollzeitarbeit; Eltern/Nichteltern) nicht zu realisieren ist. Dennoch wird im Grundsatz von jedem/jeder BewohnerIn der Drachenbau eine Beteiligung an der Selbstverwaltung in Form von Arbeit erwartet.

Das bedeutet eine im Verhältnis zu "normalen" Genossenschaften sehr hohe Beanspruchung des Einzelmenschen im Projekt durch Verwaltungs- und Instandhaltungsaufgaben.

Die gruppeninterne Struktur ist von Anfang an bis heute basisdemokratisch organisiert, d.h., alle Beschlüsse werden auf dem vierzehntägig stattfindenden **Plenum** getroffen (die formalen Gremien nach dem Genossenschaftsgesetz wie Aufsichtsrat und Vorstand werden als Formalien begriffen und behandelt). Diese Organisationsform entsprach von Anfang an den Mitgliedern aus beiden Vereinen, wurde von Drachenbau übernommen und in der Gruppe inhaltlich diskutiert, aber nie grundsätzlich in Frage gestellt, weil sie als Realisierungsform demokratischen Handelns den politischen Vorstellungen der Gruppenmitglieder entspricht.

Bei den regelmäßigen Plena gilt das Konsensprinzip, d.h., es wird keine Entscheidung gefällt, die dem erklärten Willen einzelner GenossInnen zuwiderläuft. Allerdings muß der/die GenossIn seinen/ihren Willen auch zum Ausdruck bringen, d.h. zum Plenum erscheinen und dort seine/ihre Auffassung vertreten. Es gibt keine Präsenzpflicht, dies wäre unvereinbar mit der Auffassung des Projekts von der Freiheit des Individuums, jedoch muß sich jemand, der Entscheidungen im nachhinein kritisiert, schon fragen lassen, warum er/sie diese Kritik nicht beim entscheidenden Plenum geäußert hat.

Fazit: Wir wissen nicht, was der Bausenator empfiehlt, wir aber empfehlen: **Wohnprojekte für alle!**

(Drachenbau e.G.)

VILLA MAGDALENA K.

Projekt	Magdalena K. e.V. Bernstorffstraße 160 a 22767 Hamburg
Rechtsform	Eingetragener Verein
Eigentums- verhältnisse	Eigentümer ist die Freie und Hansestadt Hamburg, vertreten durch die Stadtentwicklungs-GmbH, der die Verwaltung des Hauses obliegt. Mieterin ist Magdalena K. e.V., es wurde mit der Lawaetz-GmbH ein Gesamtmietvertrag abgeschlossen
Sanierung	Beginn der Planungen: 1990, Instandsetzung und Modernisierung: von 1991 bis 1993. Fertigstellung: im Herbst 1993
Größe	Die Gesamtnutzfläche von 348 qm teilt sich auf in 330 qm Wohnfläche (förderungsfähige Gesamtfläche) und 18 qm Gewerbefläche (Finanzierung durch die Nutzerinnen)
Baukosten	Gesamtkosten 967.305,- DM (inkl. Eigenleistung)
Eigenleistung	145.000,- DM handwerkliche Selbsthilfe und 57.000,- DM Eigengeld
Förderung	ABB-Programm
Architektur	bis Herbst 1991: Beata Huke-Schubert Grindelallee 184 20144 Hamburg ab Herbst 1991: Elisabeth Birke Sommerhuder Straße 23 22769 Hamburg
Baubetreuung	Stattbau Hamburg GmbH, Angelika Schröder, Rosemarie Oltmann, Brigitte Baatz

ein Haus für Magdalena K.

Das Haus Bernstorffstraße 160 a liegt am Ende der früheren Adolphspassage (heute Bernstorffstr./Lerchenstr.) und schließt sich an eine in Hamburg, um die Jahrhundertwende neu entstandene Bauform der Terrassen und Passagen an. Die bis dahin gängige Bezeichnung "Wohnhof" wurde von "Hinterhaus" und "Terrasse" abgelöst. Hinterhäuser wenden ihre Front den Vorderhäusern zu, Terrassen liegen im rechten Winkel zur Straßenfront. Verbinden sie dabei zwei Straßen miteinander, werden sie Passagen genannt. Durch diese Hinterhausreihen wird eine städtische Verdichtung sowie eine intensivere Ausnutzung der Grundstücke erzielt. Im Gegensatz zum bürgerlichen Wohnen entlang der Straße entstanden hier eher kleine, bescheidene Arbeiterquartiere - häufig mit schlechten Belichtungsverhältnissen. Die Erschließung erfolgt straßenseitig durch Torwege. Zwar fehlte den Gebieten die scheinbare Großzügigkeit der üblichen Bebauung, andererseits entstanden Viertel mit besonderer Atmosphäre, deren Fußläufigkeit heute vielfach zum besonderen Qualitätsmerkmal für Wohnen in der Stadt wird.

Der vorhandene Gebäudekomplex Bernstorffstraße 160 a besteht aus einem dreigeschossigen Hauptgebäude und einen viergeschossigen Treppenhausturm aus dem Jahr 1894 und zwei- bis dreigeschossigen Nebengebäuden, die 1922 angebaut wurden. Das ehemalige Erscheinungsbild des Hauses mit Pfettendach und verzierten Stuckumrahmungen hat sich durch einen Kriegsschaden verändert. Ursprünglich als Werkstattgebäude über alle Etagen geplant, wurden, vermutlich im Zuge des Wiederaufbaus, in späteren Jahren durch den Einbau von Trennwänden, Sanitär- und Küchenräumen die Obergeschosse zu Wohnungen umgenutzt. Übrig blieb der im Erdgeschoß gelegene Werkstattraum, der bis zuletzt als Autowerkstatt gewerblich genutzt wurde. Das heutige Flachdachgebäude erscheint als Konglomerat einzelner Kuben, deren Bindeglied der Treppenhausturm ist.

Magdalena will die Villa

Mitte der 80er Jahre stand das Haus bis auf den Werkstattbetrieb für ca. drei Jahre leer. Seit Anfang 1988 hat eine Gruppe von Frauen Interesse an dem Haus bekundet. Die künftige Nutzung des stadteigenen Gebäudes, in Verwaltung der SAGA, schien ungeklärt. Abriß, Wohnungen für Aussiedler oder Wohnungen für Jugendliche aus der Nachbarschaft waren Begriffe, die die Diskussion bestimmten. Der Hartnäckigkeit der Frauen war es zu verdanken, daß vom Amt für Stadterneuerung (ASE) im Sommer 1989 ein Gutachten zur Untersuchung der Bausubstanz in Auftrag gegeben wurde. Obwohl der konzeptionelle Ansatz von Magdalena K., eine Wirkungsstätte für Frauen zu schaffen, Zuspruch fand, war es noch lange keine Garantie, denn "... *sechs Frauen im heiratsfähigen Alter in einem Haus zusammen. Das ist doch nicht normal.*" Das ständige Engagement und die "liebenswürdige Penetranz" von Magdalena K. haben sicher maßgeblich dazu beigetragen, daß am 12.12.1989 eine Überlassung des Hauses in der Bezirksversammlung beschlossen wurde. Das Grundstück wurde von der Finanzbehörde, Liegenschaftsverwaltung, der Lawaetz-GmbH zur Verwaltung übergeben. Diese schloß ihrerseits mit der Stattbau Hamburg GmbH einen Überlassungsvertrag. Ziel war eine Sanierung im Rahmen des ABB-Programmes.

unterdessen setzte Magdalena ihr Leben fort

Das Frauen Wohn- und Arbeitsprojekt hat im Sommer 1989 den Verein Magdalena K. e.V. künstlerische und handwerkliche Autonomie für Frauen, gegründet.
Ziel ist die Schaffung eines Raumes, der für jede Frau zugänglich ist, der experimentelles Arbeiten in unterschiedlichen Disziplinen ermöglicht und der besonders die Entwicklung von frauenspezifischen Strukturen fördert - von der Autowerkstatt zur Frauenwerkstatt.

wo denn ihr Ofen stünde?

Die ganzheitlichen Vorstellungen von Magdalena K. spiegeln sich auch in der Bauplanung wider.
Der Schwerpunkt Gleichberechtigung und Chancengleichheit für Frauen und die Förderung von handwerklichen Tätigkeiten galt für den Bauprozeß besonders. Aus verschiedensten Gründen ist der Bausektor immer noch ein von Männern bestimmter Arbeitsbereich. Magdalena K. hat sich stets als Frauenbaustelle gesehen und bezeichnet. Bereits während der gemeinsamen Planung mit der Architektin wurde versucht, dies zu berücksichtigen. Bei den Ausschreibungen der Bauarbeiten wurden bevorzugt Betriebe angesprochen, die Frauen beschäftigen. Magdalena K. konnte mehrere Baufrauen und Helferinnen in der gesamten Bundesrepublik ausfindig machen, die sich am Bau beteiligten. Trotz erheblicher Schwierigkeiten ist es gelungen, eine Vielzahl von Leistungen, wie Zimmerer-, Tischler-, Schlosser-, Maler-, Elektroarbeiten u.a., größtenteils oder ausschließlich durch Frauen zu realisieren. Einzelne Leistungen wurden an Betriebe des Zweiten Ausbildungs- und Arbeitsmarktes vergeben.

Gemeinsam mit der Architektin wurde ein ökologisches Konzept entwickelt. Nicht Ökologie um jeden Preis, aber Maßnahmen, die im Altbau sinnvoll und finanziell vertretbar sind und insgesamt zu einer Verbesserung des Wohnklimas führen. Die Kosten für diese Maßnahmen mußten die Nutzerinnen vollständig selbst finanzieren, da sie über das Instandsetzungsprogramm nicht abzurechnen waren.

Im einzelnen konnten folgende Maßnahmen verwirklicht werden:
- Regenwassersammelanlage
- Solarbrauchwasseranlage
- Heizsystem
- Verwendung baubiologischer Baustoffe
- Reduzierung von elektrischen Strömen
- Dachbegrünung

Magdalena meint: "doch"

Seit Herbst 1993 ist die Instandsetzung und Modernisierung abgeschlossen. Das Haus wird von zehn Frauen bewohnt. Ein Teil der Bewohnerinnen arbeitet in der Werkstatt, die "das Herz" des Ganzen bildet. Magdalena K. will einen Raum schaffen, in dem Arbeitsbereiche sich vernetzen und "in dem Frauen selbstbestimmt leben und künstlerisch/handwerklich arbeiten können".

(Angelika Schröder)

Stellungnahme des Vereins Magdalena K.
Frauenbaustelle Villa Magdalena K.
Auszüge aus dem Bauorganisationsbuch

Mai 1991
Maren hat angerufen, sie arbeitet eigentlich vor Friedo weg, vor der Dachpappe. Wir müssen dann das Treppenhausdach (soweit wie´s für uns ohne Gerüst geht) abdecken + Rinnen ab, daß sie evtl. Dienstag daran kann.
Die Dachpappenlieferung ist 9 qm Grundfläche.
Renate 13 Uhr Essen abholen,
2 Töpfe zum Umfüllen mitnehmen.
BAFF baut die Kollektorfüße nicht!
Plan liegt in Fach, wo Andrea draufsteht.
Statiker: Öfen 750 kg, er rechnet!
Der Statiker wollte auch Unterzug 1. OG (XY) rechnen, weil der sich durchbiegt, hat er? Beata fragen. Schiedel: Die Abdeckplatte ist veranlaßt, und ein zusätzlicher Mantelstein auch. Die Lüftungsöffnung sollte eigentlich ins Treppenhaus - weil sonst zieht´s im Raum. Vielleicht noch nachträglich Durchbruch ins Treppenhaus und ändern.
Wir kriegen 3 Mantelsteine geschenkt!
14er Rohr so wie Torte schneiden, daß es 16er wird.

Eine Woche Bautagebuch:
10.6.91
Mauernische 3. OG Treppenhaus ausgemauert. Tür verputzt. Ausbesserungsarbeiten an Putz + Mauerwerk. Putz abgeschlagen. Lose Steine neu eingemauert. Fugen ausgekratzt und zugeworfen. 2.˚OG über Sturz ausgemauert.

11.6.91
Regen!
Mauernische 3. OG Treppenhaus ausgemauert. Mauerwerk

Dachkante für Aufmauerung begradigt. Trennwand verfugt. Aufmaß.
Nur 13 Fenster angenommen, 9 zurück, da nicht auftragsgemäß gebaut. 1 Thermofenster trotzdem angenommen - Preisnachlaß. Gespräch + Begehung m. d. Schornsteinbauern. 2 h.
Besprechung mit Frau Huke-Schubert.

12.6.91
Regnerisch.
Europlane auf Haupthausdach installiert. Mauerwerk Dach abstemmen für Aufmauerung Osten. Verfugen Trennwand. Nische 3. OG (Treppenhaus) fertig ausgemauert.

13.6.91
Regen und Sturm.
Aufmauerung und Betonarbeiten Haupthausdach.
Schornsteinprüfung.

14.6.91
Wechselhaft, etwas sonnig.
Aufmauerung der 11,5er Treppenhauswand außen.
Begehung mit B. Huke-Schubert und Dörfel + Steffens (Fassadendämmung).
Baubesprechung mit Katharina Z. (Zimmerin), Beata Huke-Schubert und Friedo Stucke (Dachdecker) zur Unterlüftung Anbaudach. 2 h.

Aus Briefen:

8.5.91 22.28 Uhr
... Ich bin frisch geduscht und trinke ein Feierabendbier. Morgen brauche ich erst um 9 Uhr auf der Baustelle erscheinen, weil Himmelfahrt ist. Wir werden einige Balkenköpfe einmauern und ein bißchen Wand verputzen. Ich werde ganz stark und esse mit großem Appetit. Bier trinke ich aber eher selten am Feierabend. Heute habe ich zusammen mit Frau Ehnes ein tiefes Loch in unserem Büro gegraben, da hinein soll am Freitag das Fundament für unseren Schornstein, den wir nächste Woche bauen wollen. Ab 90 cm mußte ich allein weitergraben, weil das Loch nur 60 x 60 cm groß war und ich als die Kleinere nur noch darin Platz hatte ...

Zwischendurch immer wieder kleine beratende Telefonate mit dem Statiker, dem der momentane Stand der Ausgrabungen durchgeben werden mußte und die Bodenbeschaffenheit ...

18.5.91 21.30 Uhr

....

Morgen, d.h. das Pfingstwochenende, Sonntag und Montag fallen Dacharbeiten am Haus an, so daß nicht viel Feiertümelei bleibt. Es hatte in den letzten Tagen unberechenbar geregnet, und so mußte auf den letzten Termin verlegt werden. Der ist dann so, daß es Dienstag fertig sein muß. Hoffentlich bleibt es morgen und übermorgen jetzt trocken. Probleme einer westdeutschen Bauarbeiterin. Wir haben jetzt auch ein Gerüst. Und einen Schornstein gebaut bis 5 Meter Höhe (der geht aber noch höher rauf nächste Woche).
....
Hier gelingt das Aufhören nie so richtig.
....

7.6.91 8.05 Uhr

Noch etwas schläfrig, aber schon im Dienst auf der Baustelle.
Bild: mein Arbeitsplatz für die nächsten Monate - ich bin für die Organisation zuständig. (Das handgreifliche Arbeiten liegt mir ja mehr - jetzt werde ich bestimmt wieder an Muskeln verlieren.) Es sind vielleicht 13 Grad oder 15. Bedeckt.
Wir hier hätten es alle gern sommerlicher.

12.6.91 23.20 Uhr

...Von der Baustelle gibt es einiges zu berichten, wir haben jetzt unsere neuen Fenster bekommen, die sehr schwer zu tragen waren und aber noch nicht eingebaut sind. Die Hälfte war leider falsch und mußte gleich wieder nach Dänemark zurückfahren. Das war ein Teil von gestern. Heute wieder eines der reizenden Telefongespräche mit dem Statiker, dem 300 kg keine Probleme machen - ansonsten müßten wir jetzt Befürchtungen hegen, daß der Sonnenkollektor beim nächsten Herbststurm vom Dach weht. Die Organisationsriege ist ansonsten damit beschäftigt, Regenjacken und Hosen, Planen und Stricke zu besorgen, damit die Arbeit der Frauen auf dem Dach weitergehen kann. Gegen Mittag kam dann plötzlich ein etwa 55jähriger Herr hereingehuscht, drückte der ersten Frau in der Nähe des Eingangs eine Plastiktüte in die Hand, "könnt ihr gebrauchen" und war direkt wieder verschwunden. Es waren Feinstaubmasken drin. Etwas später bekamen wir dann eine Kiste Bananen, 1 Kiste Broccoli und 1 Kiste Möhren geschenkt. So war der heutige Tag nicht nur regenreich.

Trotz alledem ... sind wir heute stolz auf unser Haus

So oder ähnlich könnten wir ganze Bücher füllen mit Erinnerungen an die Bauzeit, die viel länger dauerte, als wir uns das am Anfang gedacht hatten. Die eine oder andere würde - von heute aus gesehen und mit der Erschöpfung, die uns immer noch in den Knochen steckt - sicher nicht noch mal von vorne anfangen, weil sie wüßte, was da alles auf sie zukommt.

Wir hatten uns viel vorgenommen: Ökologisch sollte gebaut werden, und in erster Linie mit Frauen. Gerade diese beiden Punkte waren es auch, die uns immer wieder an unsere Grenzen brachten - neben allen positiven Aspekten, die natürlich auch damit verknüpft waren: besonders finanziell ("Ökomaßnahmen" sind hundertprozentige Modernisierung und werden nicht von ABB gefördert) und organisatorisch (eine Frauenbaustelle "einzurichten" erfordert sehr viel mehr Aufwand auf organisatorischem Gebiet, weil Handwerkerinnen einfach keine Lobby oder keine Firma im Rücken haben, weil sie meist vereinzelt und schwer zu finden sind - und darüber hinaus oft von weither anreisen müssen).

Wesentliche Forderungen an das ABB-Programm wären dementsprechend:
- Unterstützung von baubiologischen und ökologischen Baumaßnahmen
- Unterstützung von Frauenbaustellen
- Weiterbildung und Bewußtseinsbildung aller an der Baubetreuung Beteiligten (im Amt für Stadterneuerung, bei Stattbau und bei den zuständigen ArchitektInnen) dergestalt, daß zum einen die Arbeit von Frauen auf der Baustelle ermöglicht und gefördert wird, und zum anderen, daß Kenntnisse (praktischer und theoretischerArt) über umweltgerechtes Bauen erworben und an die Gruppen weitervermittelt werden

Grundsätzlich ergibt sich aus dem oben Gesagten und aus der Tatsache, daß wir zwar die Pflichten und die Verantwortung von Hausbesitzerinnen, nicht aber deren Rechte besitzen, ein wesentlicher Kritikpunkt am ABB-Programm: Politisch aktive Gruppen werden durch hohe Arbeitsauflagen und finanzielle Belastung in eine Situation hineingedrängt, die dem kleinbürgerlichen "Schaffe, schaffe, Häusle baue" sehr nahe kommt, unbequeme Energien werden für mehrere Jahre gebunden, weil frau ständig im Kampf mit den Erfordernissen der Baustelle ist. Trotzdem war dies für uns der einzig gangbare Weg, und wir sind heute stolz auf "unser" Haus.

(Karen Scholz, Projektgruppe Villa Magdalena K.)

Winkelmannscher Hof

Projekt	Trautes Heim e.V. Tangstedter Landstraße 509 22417 Hamburg
Rechtsform	Eingetragener Verein
Eigentumsverhältnisse	Eigentümerin: Freie und Hansestadt Hamburg Verwalterin: Lawaetz-Stadtentwicklungs GmbH
Gebäude	Freistehendes Wohnhaus eines ehemaligen Landwirtschaftsbetriebes
Sanierung	Planung: 1990 Umbauarbeiten und Einzug: 1992
Größe	365 qm Nutzfläche, 1 Wohneinheit, 8 Bewohner
Baukosten	DM 594.000,- (inkl. Selbsthilfe)
Eigenleistung	DM 123.000,- handwerkliche Selbsthilfe
Förderung	STEB, ABB-Programm: DM 312.000,- Behörde für Arbeit, Gesundheit und Soziales: DM 159.000,-
Architektur	A+S, Architekten und Stadtplaner Dipl.-Ing. Bejo Rob Schillerstraße 29 22767 Hamburg
Baubetreuung	Lawaetz-Stiftung, Harald Gerke, Pit Hiemstra

Heraus aus der Obdachlosigkeit ...

Als das ABB-Programm 1984 aufgelegt wurde, sollte dieses Angebot auch für sozial besonders Benachteiligte erschlossen werden. Daß schließlich auch eine Männergruppe aus einer städtischen Wohnunterkunft für Obdachlose diesen Weg schafft, daran hatte damals wohl niemand gedacht!

Tatsache ist, daß bisher kein weiteres Projekt derart viel fachpolitische, aber auch publizistische Aufmerksamkeit auf sich gezogen hat wie gerade dieses Haus mit seiner Bewohnerschaft am nördlichen Ende Hamburg-Langenhorns.

Die gesamte Abwicklung, die mit Vorlauf, Bauphase und Einzug knapp zweieinhalb Jahre gedauert hat, fand (glücklicherweise) in einer Zeit statt, in der - mühsam genug - Mittel für eine Alternativsanierung vorhanden waren, ein Objekt in einem bedrohlich desolaten Zustand vor sich hin rottete und eine Gruppe obdachloser Männer dem deprimierenden Alltag einer staatlichen Unterkunft (Männerwohnheim) entrinnen wollte. Nicht zuletzt die unterstützende und flankierende Hilfe von seiten der Sozialpädagogen machten dann aus vagen Vorstellungen, einer Ruine und einem Team ein Projekt.

Dieser Ansatz, so simpel er sich darstellt, war in dieser Form in Hamburg bis dahin noch nicht verwirklicht worden. So war etwas wie Pioniergeist und Aufbruchstimmung in allen beteiligten Ämtern und

Behörden zu verspüren, obgleich trotzdem mannigfache Bedenken auf allen Hierarchieebenen ausgeräumt werden mußten.

Als es dann zur Sache ging, hatte sich die Gruppe rechtsfähig zu einem Verein konstituiert ("Trautes Heim e.V." - eine merkwürdige Melange aus Ironie und Sehnsucht), das Gebäude war in die Verwaltung der Lawaetz-Stadtentwicklungs-GmbH übergegangen, die Absprachen mit Firmen und Selbsthelfern standen. Ganz bewußt haben wir Wert darauf gelegt, auch den sogenannten Zweiten Arbeitsmarkt mit einzubeziehen. Ein Teil der Bewohner konnte über Kooperationsverträge bei der Hamburger Arbeit Beschäftigungsgesellschaft, ein weiterer Teil beim bezirklichen Träger "Mook-wat" beschäftigt werden. Nach der Maßnahme ist es zwei Projektmitgliedern gelungen, eine Festanstellung im ersten Arbeitsmarkt zu bekommen, drei weitere wurden in Arbeitsbeschäftigungsmaßnahmen übernommen, die restlichen sind im Vorruhestand bzw. im Rentenalter.

In der Bauphase selbst zeigte sich Ungewöhnliches: Viele Mitbewohner des Männerwohnheims, von dem aus die "Winkelmänner" jeden Morgen zur Arbeit starteten und abends zurückkehrten,

erklärten sich bereit - zum Teil unentgeltlich und auf Gefälligkeitsbasis - bei der Aufgabenbewältigung am Haus mit anzufassen. So hat insgesamt etwa die doppelte Anzahl von freiwilligen Helfern an der Fertigstellung des Gebäudes mitgewirkt. Eingezogen sind dann, wie vorgesehen, acht Personen.
Darüber hinaus ist einigen Projektmitgliedern der Sprung aus der Obdachlosigkeit durch bloße Teilnahme an der Sanierung des Winkelmannschen Hofes gelungen. Die Effekte gehen also über das Wohnprojekt hinaus.
Ein weiterer wichtiger Aspekt auf dem Weg "zurück in die Normalität" war der Adressenwechsel. Jedem mit dem Thema Vertrauten ist bekannt, wie schwierig es ist, sich aus einer Unterkunftsanschrift heraus auf ein Arbeitsangebot zu bewerben, denn schließlich ist der gedankliche Bogen zu Verschuldung und Alkoholismus schnell gespannt.
Natürlich ist den Vereinsmitgliedern der Ortswechsel, der viel mehr ist als nur die Veränderung der Adresse, gut bekommen: Die Mehrzahl geht inzwischen wieder einer geregelten Arbeit nach, tilgt Schulden, bezieht Rente, feiert Feste. Eben das, was gesellschaftlich Alltag ausmacht.

(Pit Hiemstra)

Perspektiven

Klaus Joachim Reinig
Vorhang auf !

Nach zehn Jahren ABB wohnen gut gerechnet etwa tausendfünfhundert Leute in alternativen Wohnprojekten, ein Anteil von ca. 1,3 % der Wohnungsproduktion in diesem Zeitraum.

Das ABB-Programm hat seine Bedeutung nicht in der Quantität, sondern in seinem konzeptionellen Ansatz:

- Schaffung kleiner Netze

- Selbstverwaltung der Beteiligten

- Ausschluß der Spekulation mit Boden und Gebäuden, insbesondere bei den neuen Kleingenossenschaften

- Eröffnung kollektiver Überlebensstrategien in immer unwirtlicheren Städten

ABB ist auch deshalb erfolgreich, weil sich Alternativszene und etablierte Parteien und Verwaltungen sehr undogmatisch zusammengerauft haben - zum gegenseitigen Nutzen.

Gemeinsam bauen, gemeinsam wohnen: der Erfahrungsaustausch beginnt

5 Jahre Drachenbau e.G.: Kinderzirkus

Aber die tatsächlichen Chancen dieses Ansatzes sind von den Wohnungspolitikern noch nicht erkannt:
Bei der Initiierung der alternativen Sanierungsträger sollte ABB nicht nur als Förderprogramm für wenige potentielle Hausbesetzer fungieren, sondern der "Ausnahme" sollte die "Regel" folgen.

Persönlich gesehen war ABB für einige der damals Beteiligten und Nutznießer der Schritt von der Opposition (Hausbesetzung, Verteidigung von Rechten der Mieter, Kritik der Abrißpolitik und Stadtplanungskonzepte) zu eigenen konstruktiven Ansätzen innerhalb der Gesellschaft.
Wer heute in einem Projekt wohnt, hat seinen Platz gefunden, einen kleinen, aber (hoffentlich) bequemen.

Aber wollten wir nicht mehr?

Das Ende des realen Sozialismus räumt ja nicht nur mit einigen Illusionen auf, sondern eröffnet in unserer Gesellschaft auch weitere Spielräume für Veränderungen (und Veränderungen geschehen in der Krise, nicht in der Prosperität).

Es wird deutlicher, was nicht mehr stimmt:

- Die Befristung von Sozialbindungen im öffentlich geförderten Wohnungsbau, deren Ablauf zu Lasten der Mieter und der Gesellschaft geht

- Eine Belegungspolitik, mittels derer Wohnungsbaugesellschaften und -genossenschaften sich von "Problem"-mietern abzugrenzen versuchen

- Die unverändert bestehende Möglichkeit, Mietwohnungen per Umwandlung in Eigentumswohnungen zum Objekt gewinnträchtiger Spekulationen zu machen

- Eine Wohnungsproduktion, die inzwischen Zahlen liefert, aber die sozialen Veränderungen in der Gesellschaft ignoriert

- Eine Architekturdiskussion, die sich in den Verästelungen von Luxuspassagen verliert und immer mehr Abstand von dem Leben der meisten Menschen gewinnt

Drachenbau-Kinderdrachen

Wo bleibt das konzeptionelle Nachdenken über die Bewältigung der aktuellen und zukünftigen wohnungspolitischen Aufgaben?

Wir wissen, daß die Gesellschaft auf Pump gelebt hat, z.B. in der Ökologie oder bei der Rentenfinanzierung. Die Gesellschaft wird ärmer und wird zusätzlich abgeben müssen, da es anderen Völkern noch viel schlechter geht.

Immer wichtiger wird die Verbindung der Wohnungspolitik mit der Beschäftigungs- und Sozialpolitik.

Verfügung über die Wohnumwelt eröffnet die Möglichkeiten der Eigenbetätigung, der Kleinproduktion von Nützlichem, der ergänzenden Beschäftigung neben der Teilzeitarbeit oder Sozialhilfe, der Pflege von kranken oder alten Nachbarn, des direkten Waren- und Dienstleistungsaustausches.

Die Eigenproduktion von Wohnraum oder die Mithilfe hierbei spart nicht nur Geld, sondern schafft Lebenssinn und Lebensmut, bringt Autonomie - auch von der Abhängigkeit von staatlichen Leistungen und lebensdeformierender Sozialversorgung auf Dauer.

Was heute gebaut wird, war gestern Utopie

Projektler diskutieren: Grundrißplanung ist Zukunftsplanung

Leute, die nicht besitzen, verfügen oder leisten, werden in unserer Gesellschaft leicht zu Klienten gemacht. Doch wir sehen, wie selbst "schwierige Fälle" reintegriert werden, wenn ihre Fähigkeiten ernstgenommen werden:

- Drogenabhängige können Dienstleistungen erbringen - siehe Restaurants wie das Palé von Palette und Lerchenhof e.G.

- Obdachlose können eine Zeitung herstellen und vertreiben - siehe Hinz & Kunz(t)

- Mieter können Wohnungen selbst bauen und verwalten - siehe ABB-Programm

Also:
Vorhang auf und mitmachen !

Die Erfahrungen von ABB können Grundlage sein für die Grundzüge einer neuen Wohnungspolitik für die "breiten Schichten der Bevölkerung" in den Städten:

1. Vorrangige und massive Förderung von Kleingenossenschaften, wo immer Leute sich zusammenschließen, um Wohnraum zu schaffen und dauerhaft zu sichern.

2. Selber, kostengünstig und ökologisch bauen, selber verwalten, selber produzieren, selber versorgen - überall da, wo es möglich ist.

3. Grün- und Gemeinschaftsflächen in die Projekte integrieren. Der Autoverkehr kann z.B. bei weiterentwickelten Gartenstadtkonzepten minimiert werden.

4. Beratungsorganisationen wie Stattbau und Lawaetz stärken und fördern. Neben der Umschichtung von Mitteln und Bauflächen ist dies der Schlüssel zur praktischen Umsetzung!

Es ist Zeit, daß die Erfahrungen von ABB in die staatliche Wohnungspolitik einfließen und ein quantitativ nennenswerter Anteil der Wohnungsproduktion von diesen Erfahrungen bestimmt wird: Für alternative Wohngruppen, für Arbeits- und Obachlose, für Emigranten, für alle Formen von "Normalmietern".

Veränderung entsteht immer im Kleinen, im Verborgenen.

Aber: Wenn wir es wollen und daran arbeiten, können unsere Vorstellungen einen wichtigen Platz einnehmen.

Oder hat jemand bessere und nützlichere Konzepte?

Anhang: Liste aller ABB-Projekte

Nr.	Projekt/Ort	Gruppe	Träger/ Architekt	Eigentum (Erbbau)	Baukosten (TDM) Gesamt	SH	Zuschuß STEB	Sonstige Zuschüsse	Baukosten/m² Gesamt	SH	Zuschuß STEB	Sonstige Zuschüsse	Anzahl Bewohner/ Wohnungen	Fläche (m²) Wohnen	Gewerbe	Stand *)	incl. Zuschüsse von .. Sonstiges
1	Kloksweg Weidenallee	bestehende Mietergruppe	SAGA/-	FHH/-	1015	0	1015	-	420	0	420	-	75/30	2420	-	F (07/84) (11/84)	./.
2	Bahnhof Rübenkamp	"unser Bahnhof"	-/Rehder	Verein/-	195	125	70	-	2321	1488	833	-	3/1	84	-	F (10/85) (7/87)	-/-
3	Ottenser Hauptstr. 61a/b	Pueblo	SAGA/-	FHH/-	1069	205	864	-	1085	208	877	-	35/14	985	-	F (10/85) (9/87)	/Kindertagesstätte im EG
4	Schmilinskystraße 6	Drachenbau-Genossenschaft	Stattbau/ Planerkollektiv	FHH/ Erbbau Gruppe	1909	805	1104	-	1468	619	849	-	37/7	1300	-	F (6/86) (12/88)	/Gründach, Grauwasseranlage
5	Vorwerkstift (Karo-Viertel)	Kunststudenten	Freiraum/ Harwich, Henning	FHH/-	890	185	705	-	1072	223	849	-	21/21	830	-	F (12/84) (10/86)	-/-
6	Chemnitzstraße 3/7	Selbsthilfe Altona e.V.	Stattbau/ Planerkollektiv	FHH/-	737	107	630	-	993	144	849	-	23/7	742	-	F (10/86) (11/88)	-/-
7	Ilenbrook 9 (Wilhelmsburg)	Einzelne San.-Betroffene	-/Szymanski	privat/-	222	148	74	-	2552	1699	853	-	3/3	87	-	F (9/86) (1/88)	-/-
8	Große Freiheit 84	Freiheit `84 e.V.	Stattbau Planerkollektiv	FHH/-	757	289	468	-	2246	857	1389	-	12/6	337	-	F (3/87) (7/88)	-/hoher SH-Anteil durch Jugendwerkstätten
9	Zeißstr. 22-34 Ottensen	Drahtstiftefabrik GbR.	-/Tussing Tiem./ Krebs,Dirse	GbR./-	920	370	550	-	3680	1480	2200	-	7/5	250	-	F (8/86)	-/Mehrkosten wg. Denkmalschutz
10	Winterstr. 15	officence e.V.	Stattbau/ Planerkollektiv	FHH/-	279	56	223	-	1192	239	953	-	7/1	234	-	F (5/88) (6/89)	-/-
11	Am Felde 18	Freunde dänischer Bauweise e.V.	Stattbau/ Hantschel	FHH/ Erbbau Gruppe	685	291	394	-	1730	735	995	-	12/3	396	-	F (11/87) (10/89)	./.
12	Große Freiheit 73/75	Große Freiheit e.V.	Stattbau/ Rapp-Planerkollek	FHH/ Erbbau Gruppe	1134	139	995	-	1526	187	1339	-	22/6	743	-	F (9/88) (4/91)	-/Mehrkosten wg. Denkmalschutz
13	Alte Schule Francop	Pusteblume e.V.	Lawaetz/ Planerkollektiv	FHH/-	288	65	223	-	1030	233	797	-	7/1	280	-	F (8/88) (11/90)	-/ Wohnen u. Werkstatt kombiniert
14	Am Felde 87	Förderung alternativer Wohnprojekte	Lawaetz/ Kubikmeter	FHH/ Erbbau	398	106	292	-	1738	463	1275	-	7/1	229	-	F (3/89) (8/90)	-/-
15	Bergiusstr. 12	Unterstützung Langzeitarbeitslose e.V.	-/Planerkollektiv	privat/-	705	160	545	-	1209	274	935	-	17/3	583	-	F (2/89) (11/92)	-/hohe SH im Werkstattbereich
16	Schanzenstr. 41 41a Haus 1-11	Meyer,Schulz, Neumann & co	Stattbau/ Plako-Arge-Tau	Schanze e.G./-	4061	584	3477	-	2125	306	1819	-	57/43	1911	-	B (9/89) (-)	-/Gruppe z.T. Vollzeitbeschäftigt auf der Baustelle
17	Billrothstr. 55	B 55 e.V.	FHH/ Planerkollektiv	FHH/ Erbbau	1019	289	722	8	1930	547	1367	16	16/6	528	-	F (5/90) (5/92)	8 TDM Zuschuß vom Denkmalschutzamt in SH enthalten
18	Hospitalstr. 102	Baubund Selbsthilfe Projekt e.V.	Lawaetz/ Planerkollektiv	Gruppe selbst/-	426	128	298	-	2152	647	1505	-	6/1	198	-	F (5/90) (12/90)	-/Erhalt stadtbildprägender Gesamtzeile
19	Mohnhof 20 Haus 3	Selbsthilfe Bergedorf e.V.	Stattbau/ Querkraft	FHH/-	478	88	390	-	1358	250	1108	-	12/4	352	-	F (12/89)	-/-

Nr.	Projekt/Ort	Gruppe	Träger/Architekt	Eigentum (Erbbau)	Baukosten (TDM) Gesamt	SH	Zuschuß STEB	Sonstige Zuschüsse	Baukosten/m² Gesamt	SH	Zuschuß STEB	Sonstige Zuschüsse	Anzahl Bewohner/Wohnungen	Fläche (m²) Wohnen	Gewerbe	Stand *)	incl. Zuschüsse von .. Sonstiges
20	Große Brunnenstr. 63a	F 91 e.V.	Stattbau/Reinicke	privat/-	544	144	400	-	1648	436	1212	-	10/1	330	-	F (12/90) (4/94)	-/weitere SH im Atelierbereich. Mehrkosten im Dach
21	Kl. Schäferkamp 46 a/b (hinten)	Kleiner Schäferkamp 46 a/b e.V.	Stattbau/Meckseper	SAGA/Erbbau Stattbau	1698	167	1531	-	2708	266	2442	-	19/1	627	-	F (5/90) (4/94)	./.
22	Kl. Schäferkamp 46 (vorne)	Kleiner Schäferkamp e.V.	Stattbau/Apenbrink	SAGA/Erbbau Stattbau	1081	125	956	-	2946	341	2605	-	10/3	227	140	F (7/91) (5/93)	-/2 Läden Teil des Gesamtkonzeptes
23	Bernstorffstr. 160a	Magdalena K. e.V.	Stattbau/Birke	FHH/-	967	202	765	-	2779	580	2199	-	10/1	348	-	F (1/91) (4/94)	-/-
24	Winkelmannscher Hof (Langenhorn)	Trautes Heim e.V.	Lawaetz/A & S	FHH/.-	594	123	312	159	2250	466	1182	602	8/1	264	-	F (5/91) (7/93)	Zuschüsse von der BAGS
25	Gesindehaus Karlshöhe 60b	Integratives Wohnen e.V.	Lawaetz/Pl.-Gruppe Stdt. &W	FHH/-	907	91	648	168	1918	192	1370	356	14/1	473	-	F (7/91) (8/93)	Zuschüsse v. der BAGS
26	Klausstr. 12/14 (neu:Nr. 10)	Klausstr. GbR	Stattbau/Burkard-Rapp	Schanze e.G.	1286	121	1165	-	2690	253	2437	-	14/1	478	-	B (8/92) (-)	-/-
27	Gr. Brunnenstr.55a	Große Brunnenstr.55a e.V.	Lawaetz/Werkplan	privat/-	936	185	751	-	2877	582	2295	-	10/1	325	-	B (8/92) (-)	-/-
28	Marktstr. 107	Wohngenossenschaft Marktstr. 107 i.Gr.	Stattbau/Trapez	FHH/-	2082	362	1394	326	2892	503	1936	453	24/1	720	-	B (12/92) (-)	-/Restgelder von der Feuerkasse. 326 TDM
29	Rabenhorst 7	Verein Jugendhilfe e.V.	Lawaetz/Reiber	FHH/-	534	63	271	200	2934	346	1489	1099	6/2	182	-	F (8/92) (8/93)	Jugendwhg/50 TDM Zuschüsse v. d. BSJB u. 150 TDMHypothek
30	Billbrookdeich 300	Positive Future e.V.	Lawaetz/Rapp	FHH/-	506	27	439	40	1271	68	1103	100	12/1	398	-	F (7/93) (2/94)	Zuschüsse von der BAGS
31	Schäferstr. 10a/b (hinten)	Schäferstraße, ausländische Familien	Stattbau/Huke-Schubert	Schanze e.G./-	1614	121	1493	-	3006	226	2780	-	16/5	537	-	B (2/93) (-)	./.
32	Brigittenstr. 5	B5 Speidel e.V.	Stattbau/Querkraft	Schanze e.G./-	1574	238	1336	-	1908	289	1619	-	25/6	825	-	B (2/93) (-)	-/-
33	Mistralbunker	ASB/Obdachlose	Lawaetz/Marchel	FHH/-	3145	-	2673	472	2209	-	1878	331	40/40	1424	-	B (2/93) (-)	Zuschüsse v. der BAGS v. 472 TDM
34	Mathildenstr. 9-13	Mathilde e.V.	Stattbau	FHH/-	2000	300	1700	-	1429	214	1215	-	?	1400	-	B (-) (-)	/Kosten geschätzt
35	Kieler Str. 650 "Langelohhof"	Gruppe der Zeitlosen	Stattbau/Querkraft	Schanze e.G./-	840	126	714	-	2000	285	1715	-	13/1	420	-	P (-) (-)	-/Kosten geschätzt
36	Fuhlsbütteler straße 777	Eibajalla/Altmieter	Lawaetz/A&S (Rob)	FHH/-	1066	78	988	-	2307	169	2138	-	8/6	462	-	B (5/94) (-)	-/SB-Extrazuschuß f. Altmieter 135 TDM
37	Klausstr. 11	Kl. Künstlerhaus Klausstr. e.V.	Lawaetz/A&S (Rob)	privat/-	744	71	429	244	1075	103	620	352	10/1	692	-	B (4/94) (-)	25 TDM von DA und 219 TDM als Fremdmittel enthalten
38	Jägerpassage (Südterrasse)	Initiative Jägerpassage e.V.	Lawaetz/Taubert	FHH/-	2000	200	1800	-	1667	167	1500	-	30/20	950	250	P (-) (-)	Kosten geschätzt/hohe Kosten wg. Denkmalschutz
Summe bzw. Durchschnitt von Nr. 1-38					41305	6884	32804	1617	1724	287	1369	68	655/266	23571	390		

Personenverzeichnis

Brigitte Baatz
Geboren 1952. Von Mitte 1989 bis Mitte 1991 als Architektin bei Stattbau.

Britta Becher
Geboren 1963 in Hamburg. Fremdsprachenkorrespondentin. Dipl. Volkswirtin. Ab 1991 Stadtplanungsstudium in Hamburg-Harburg. Seit 1992 bei Stattbau. Arbeitsbereiche: Projektbegleitung, Gebietsbetreuung Falkenriedterrassen.

Tobias Behrens
Geboren 1955 in Hamburg. Studium der Germanistik und der politischen Wissenschaft in Hamburg. Langjährige Tätigkeit als Geschäftsführer in einem sozio-kulturellen Stadtteilzentrum (Motte e.V.). Seit 1993 bei Stattbau. Arbeitsbereiche: Projektentwicklung und -beratung, wirtschaftliche Betreuung, Forschung, Öffentlichkeitsarbeit, Geschäftsführung.

Bärbel Berggren
Geboren 1939 in Hamburg, Bürokauffrau. Seit 1986 bei Stattbau. Arbeitsbereiche: Teuhandbuchhaltung, Büroorganisation, Zahlungsverkehr.

Rosalinde Böttcher
Geboren 1955 in Marxgrün (Bayern). Seit 1986 bei der Lawaetz-Stiftung als Verwaltungsfachkraft und Organisationstalent.

Hans-Adolf Brewe
Geboren 1950. Ausbildung/Beruf: Volkswirt
Funktion: Koordinator bei der STEB

Herbert Brinkmann
Geboren 1949 in Münchehagen, Dipl.-Ökonom. Von 1985 bis 1992 Geschäftsführer von Stattbau.

Josef Bura
Geboren 1945 im Saarland. Studium der Soziologie und Sozialpädagogisches Zusatzstudium (SPZ) in Hamburg. Wissenschaftliche Arbeit zu den Schwerpunkten Stadtentwicklung, Obdachlosigkeit und soziale Bewegung. Dozententätigkeit an der Uni Hamburg und Uni Bremen.

Seit 1984 bei Stattbau (Mitbegründer). Arbeitsbereiche: Forschung, Projektentwicklung und -beratung, Organisationsberatung, Öffentlichkeitsarbeit. Als Vertreter von Stattbau Mitglied im Vorstand des Wohnbund, Verband zur Förderung wohnpolitischer Initiativen.

Dorit Dreckmann
Geboren 1938 in Hamburg. Ausbildung als Buchhalterin Seit 1989 bei der Lawaetz-Stiftung. Arbeitsbereiche: Treuhandbuchhaltung und kaufmännische Abwicklung.

Helgrit Fischer-Menzel
Geboren in Wenden/Krs. Nieburg.
Ausbildung: Studium der Soziologie in Frankfurt/Main und Hamburg. Diplom Soziologin. Seit 1993 Senatorin für Arbeit, Gesundheit und Soziales in Hamburg.

Monika Fröse-Stoffregen
Geboren 1957 in Süderhastedt.
Seit 1991 als Verwaltungs- und EDV-Fachkraft in der Lawaetz-Stiftung und beim Sanierungsträger.

Manfred Gerber
Geboren 1954 in Köln. Architekturstudium in Köln. Langjährige Mitarbeit in verschiedenen Kölner Architekturbüros und beim Landschaftsverband Rheinland. Seit 1991 bei Stattbau. Arbeitsbereiche: Bauleitung und Bauüberwachung, Ausschreibung und Vergabe, Planung und Entwurf, Koordination der Selbsthilfe.

Harald Gerke
Geboren 1948 in Hamburg. Ausbildung als Maurer, Betonbauer und Bautechniker. Seit 1991 bei der Lawaetz-Stiftung als Bautechniker und Betreuer für Selbsthilfesanierungsgruppen, Koordination der Selbsthilfe und Anleitung der Selbsthelfer.

Angela Hansen
Geboren 1957. Ausbildung/Beruf: Erzieherin, Hochbauingenieurin, z.Z. Studium Stadtplanung und Städtebau an der TUHH
Funktion: STEB/ techn. Sachbearbeiterin

Erläuterungen zur Fotocollage:
Ähnlichkeiten mit lebenden Personen sind beabsichtigt; Übereinstimmungen mit dem Personenregister dagegen rein zufällig.

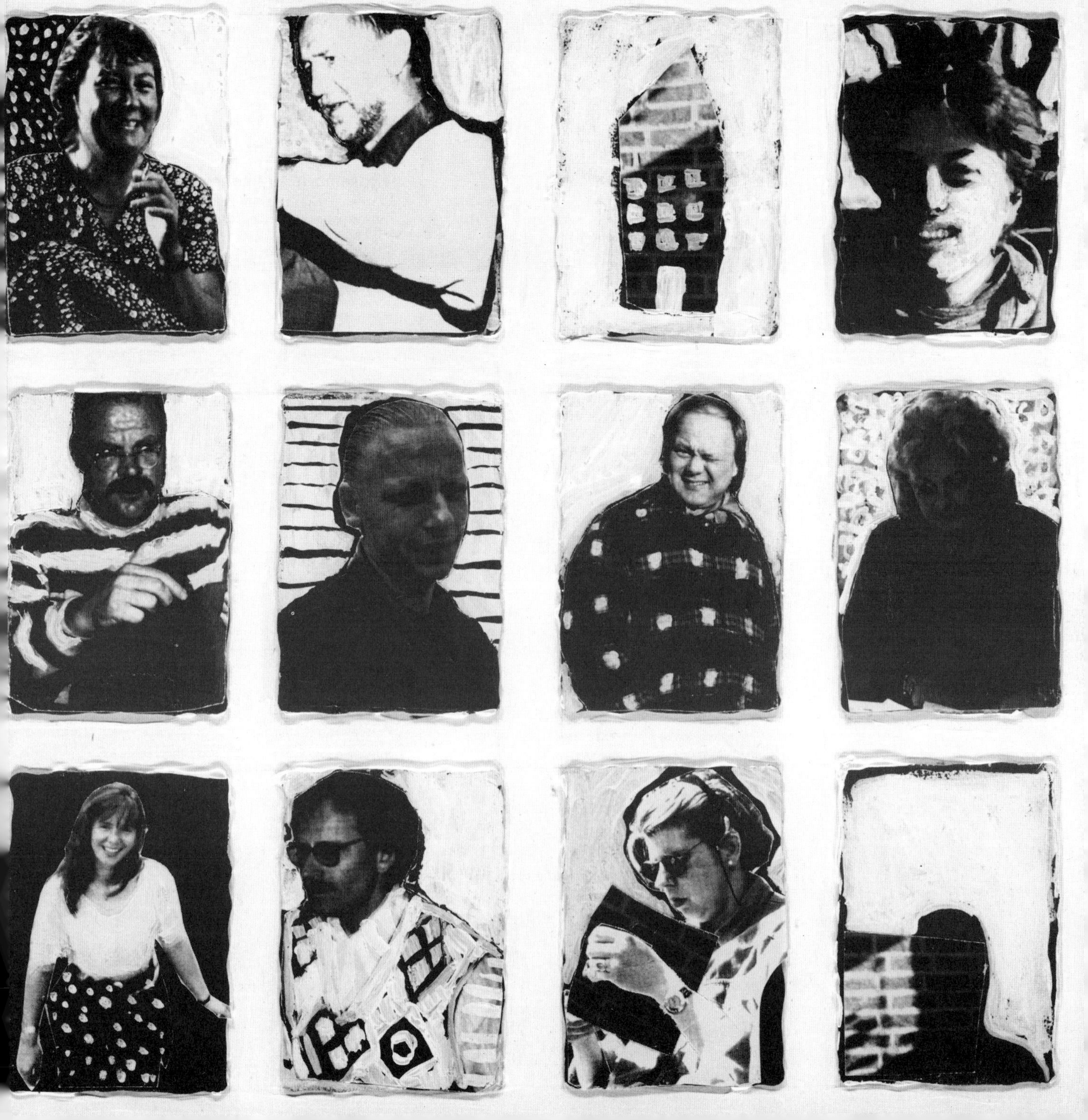

Reinhard Hauswirth
Geboren 1939 in Hamburg. Ausbildung als Buchbinder, Industriekaufmann. Seit 1991 bei der Lawaetz-Stiftung. Arbeitsschwerpunkte: Objektbetreuung nach Sanierung

Frank Pieter Hesse
Geboren 1948 in Karlsruhe. Architekt und Stadtplaner. 1976-1984 Tätigkeit als freier Planer. Mitarbeit in verschiedenen Planungsbüros. Seit 1985 beim Denkmalschutzamt der Hamburger Kulturbehörde beschäftigt.

Wulf Pieter Hiemstra
Geboren 1946 in Bielefeld. Niederländer. Ausbildung als Schlosser, langjährig zur See gefahren, Soziologe. Seit 1987 bei der Lawaetz-Stiftung. Arbeitsschwerpunkt: Projektentwicklung- und beratung.

Ulla Iseler
Geboren 1940 in Osnabrück. Ausbildung: Industriekauffrau Seit 1981 in der Behörde für Arbeit, Gesundheit und Soziales.

Uwe Jentz
Geboren 1955. Als Bauingenieur beschäftigt bei Stattbau von 22.9.1986 bis zum 31.7.1989.

Uwe Jochens
Geboren 1956 in Hamburg. Ausbildung als Speditionskaufmann, Diplom-Volkswirt, Jurist. Seit 1987 bei der Lawaetz-Stiftung. Arbeitsschwerpunkte: Projektberatung und Entwicklung von rechtlichen Konzepten für Kollektivprojekte im Arbeits- und Sanierungsbereich.

Joachim Meyer
Geboren 1943 in Rendsburg. Ausbildung: Studium Betriebswirtschaft in Hamburg und Berlin. Diplomkaufmann. Seit 1978 in der Behörde für Arbeit, Gesundheit und Soziales, seit 1984 Leiter der Abteilung Arbeitsmarktpolitik, Ausländische Arbeitnehmer und ihre Familien.

Dr. Thomas Mirow
Geboren 1953 in Paris. Seit 1993 Senator für Stadtentwicklung in Hamburg.

Rosemarie Oltmann
Geboren 1952 in Lünzmühlen, Landkreis Soltau. Ausbildung zur Industriekauffrau. Langjährige Berufserfahrung als Bilanzbuchhalterin. Studium der Sozialökonomie an der HWP in Hamburg. Seit 1987 bei Stattbau. Arbeitsbereiche: Projektentwicklung und -beratung, wirtschaftliche Betreuung, Verwaltung und kaufmännische Abwicklung. Mitarbeit im Vorstand der Wohnungsbaugenossenschaft Schanze e.G.

Detlef Rapp
Geboren 1956 in Hamburg. Ab 1977 Tischlerlehre. Ab 1981 Architekturstudium an der TU Hannover. Abschluß 1987. Mitarbeit in verschiedenen Architekturbüros. Seit 1991 selbständiger Architekt in Hamburg. War als Architekt beteiligt an folgenden ABB-Projekten: Große Freiheit 73/75 (Planerkollektiv, Detlef Rapp), Hospitalstraße 102 (Planerkollektiv, Detlef Rapp), Schanzenstraße 41a (Claudia Burkard, Detlef Rapp, Lothar Taubert), Klausstraße 12/14 (Claudia Burkard, Detlef Rapp, Norbert Tochtenhagen), Billbrookdeich 300 (Rapp+Marchel, Norbert Tochtenhagen), Mistralbunker (Rapp+Marchel).

Anna Reiners
Geboren 1958 im Rheinland, Ausbildung als Betriebswirtin. Seit 1991 als Projektberaterin für Projekte des Europäischen Sozialfonds in der Lawaetz-Stiftung. Arbeitsschwerpunkt: Seit 1992 Leiterin der Abteilung für Zentrale Aufgaben, wirtschaftliche Beratung und Betreuung, kaufm. Abwicklung, Geschäftsführerin der Lawaetz-GmbH.

Klaus Joachim Reinig
Geboren 1950 in Marktheidenfeld/Franken, verheiratet, drei Kinder, Dipl. Ing., Architekt. Mitbegründer von "Mieter helfen Mietern", Stattbau Hamburg GmbH, Drachenbau e.G., Schanze e. G., Planerkollektiv Hamburg und Dresden. Seit 1992: Plan-R-Architektenbüro Klaus Joachim Reinig Lange Reihe 27 20099 Hamburg-St.Georg.

Frido Röhrs
Geboren 1938 in Rotenburg. Architekt der Lawaetz-Stiftung seit 1986.

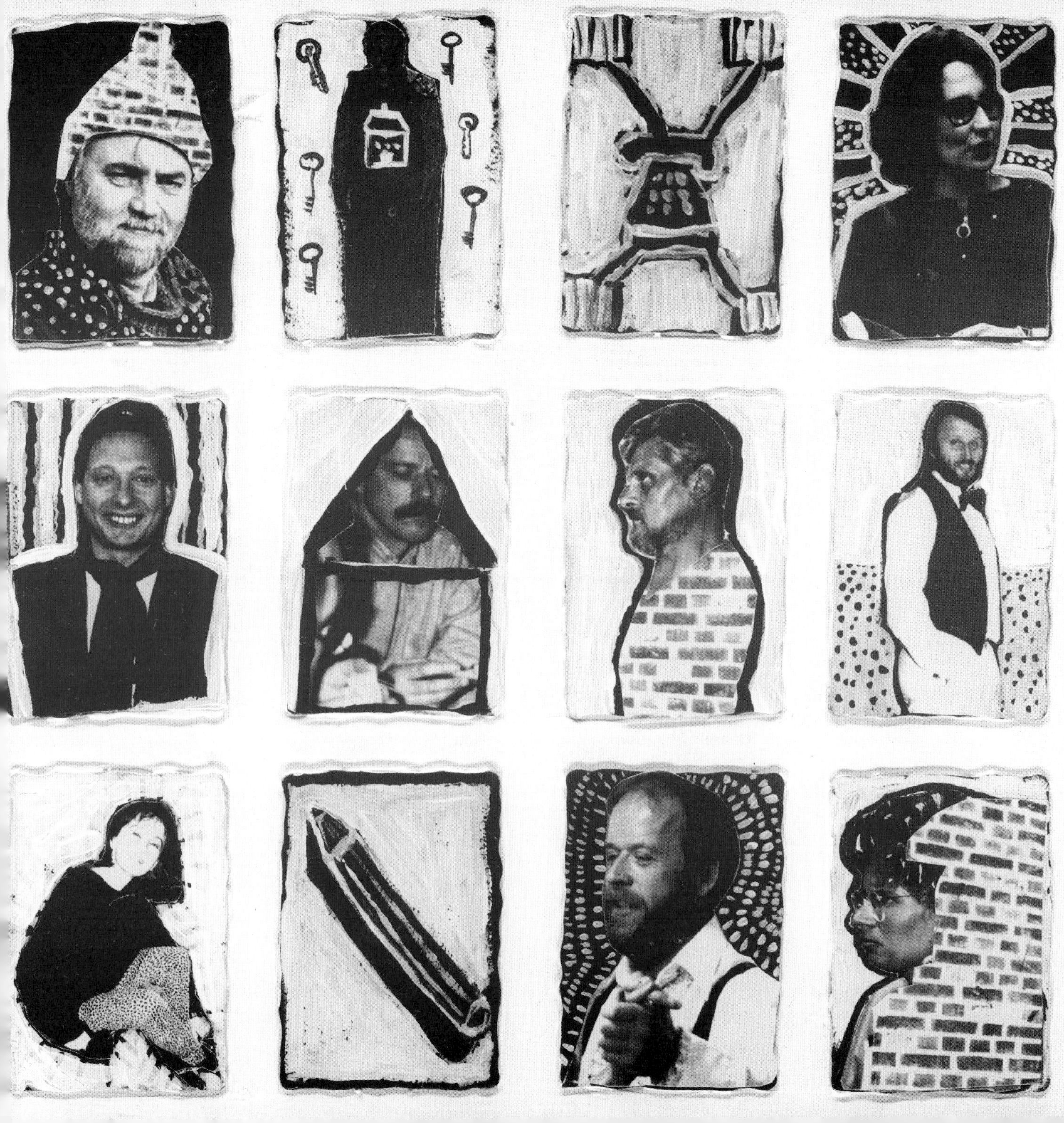

Michael Sachs
Geboren 1947 in Coburg. Studium der Soziologie, Geschichte und Germanistik an der Universität Hamburg. Von 1975 bis 1989 wissenschaftlicher Mitarbeiter und Projektleiter der GEWOS. Forschungs- und Beschäftigungsaufträge in den Arbeitsbereichen Wohnungsmarktentwicklung, Wohnungspolitik, Stadtentwicklung/Sanierung, Umwelt- und Arbeitsmarktforschung. Seit 1992 Geschäftsführer der HWC Hamburger WohnConsult - Gesellschaft für wohnungswirtschaftliche Beratung mbH in Hamburg, von 1978 bis 1986 Abgeordneter in der Hamburger Bürgerschaft. Mitglied im Beirat des alternativen Sanierungsträgers "STATTBAU", Mit-Gründer der "Wohnungsbaugenossenschaft Schanze e.G.".

Karin Schmalriede
Geboren 1955 in Oldenburg. Ausbildung als Kauffrau. Studium der Sozialwissenschaften in Bremen und Oldenburg mit dem Schwerpunkt Stadt- und Regionalplanung und Selbsthilfe im Sozial- und Gesundheitsbereich. Systemisch ausgebildete Beraterin.
Seit 1986 bei der Lawaetz-Stiftung. Arbeitsschwerpunkte: Akquisition, Projektentwicklung- und beratung, Öffentlichkeitsarbeit, Geschäftsführung.

Erika Schemberger
Geboren 1957 in Duschanbe, Tadschikistan, Mittelasien. Bautechnikerin. 1992 Umschulung zur kaufmännischen Angestellten. Seit 1992 bei Stattbau. Arbeitsbereiche: Verwaltung, Buchhaltung, Zahlungsverkehr.

Reiner Schendel
Geboren 1956 in Hamburg. Ausbildung bei der Siemens AG zum Industriekaufmann in Hamburg. Wirtschaftsinformatikstudium in Wedel bei Hamburg. Seit 1984 bei Stattbau (Mitbegründer). Arbeitsbereiche: Projektentwicklung und -beratung, wirtschaftliche Betreuung, Geschäftsführung.

Angelika Schröder
Geboren 1961 in Hamburg. Studium der Architektur in Hamburg. Seit 1991 bei Stattbau. Arbeitsbereiche: Bauüberwachung und Baubetreuung, Koordination der Selbsthilfe.

Thomas Schröder
Geboren 1959. Bauingenieur. Vom 1.2.1989 bis zum 31.12.1990 bei Stattbau beschäftigt.

Gerd Thomfohrde
Geboren 1946 in Harsefeld. Industriekaufmann. Seit 1986 bei Stattbau. Arbeitsbereiche: Verwaltung, Baukostenrevision, Finanzierungsüberwachung.

Ulrich Thormann
Geboren 1946 in Bielefeld. Architektur- und Bauzeichnerlehre in Bremen (bei Prof. Müller-Menckens). Danach Studium der Architektur an der FHS Nienburg, in Aachen, Berlin und Hamburg (HfbK). Langjährige Mitarbeit in einem Bremer Architekturbüro und freiberufliche Tätigkeit. Seit 1984 bei Stattbau (Mitbegründer). Arbeitsbereiche: Architektonische und stadtplanerische Konzeption, Entwurf und Ausführung, Projektentwicklung und -beratung.

Ulrich Wienand
Geboren 1951 in Bielefeld. Ausbildung zum Zimmermann, anschließend Bautechniker.
Seit 1993 bei der Lawaetz-Stiftung als Bautechniker beschäftigt.

Gisela Zeisberg
Geboren 1953 in Söcking/Starnberg. Studium der Politologie, Germanistik und Erziehungswissenschaft in Hamburg. Ausgebildet als systemische Beraterin. Seit 1987 bei der Lawaetz-Stiftung. Arbeitsbereiche: Projektentwicklung und -beratung.

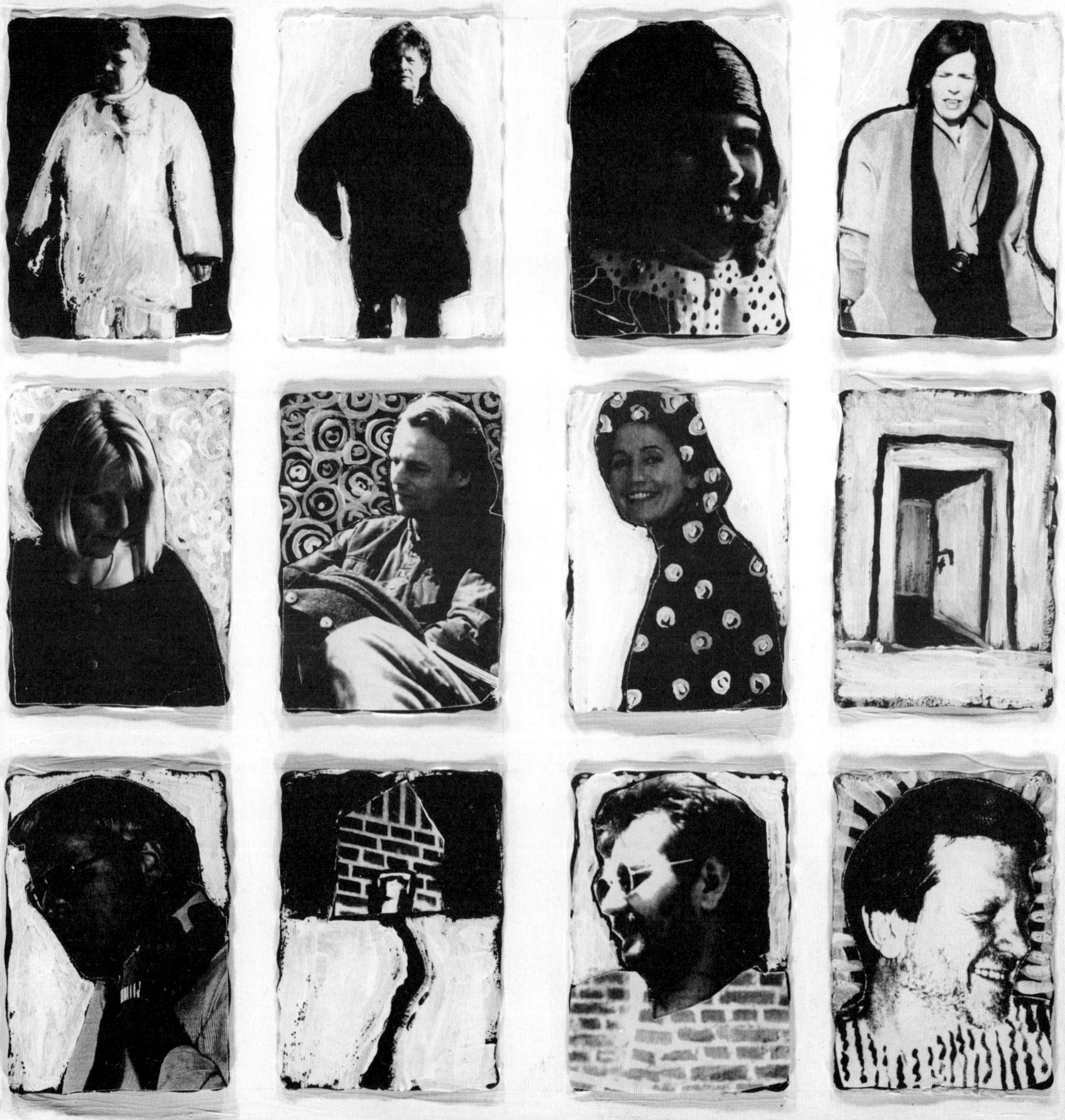